Johann Beckmann

Beiträge zur Ökonomie, Technologie, Polizei und Kameralwissenschaft

Dritter Teil

Johann Beckmann

Beiträge zur Ökonomie, Technologie, Polizei und Kameralwissenschaft
Dritter Teil

ISBN/EAN: 9783742890146

Hergestellt in Europa, USA, Kanada, Australien, Japan

Cover: Foto ©Suzi / pixelio.de

Manufactured and distributed by brebook publishing software
(www.brebook.com)

Johann Beckmann

Beiträge zur Ökonomie, Technologie, Polizei und

Kameralwissenschaft

Beyträge

zur

Oekonomie, Technologie, Polizey-
und Cameralwissenschaft,

von

Johann Beckmann.

Dritter Theil,
nebst Register über die drey ersten Theile.

Göttingen
im Verlag der Wittwe Vandenhoek 1780.

Inhalt

des dritten Theils.

Entwurf

zu

einer neuen Deich-Ordnung,

von

Nikolaus Beckmann,

Ober-Deichgräfen zu Harburg,
Correspondenten der Königlichen Societät der Wissenschaften
zu Göttingen.

Y

Einleitung.

Ob es gleich unläugbar gewiß ist, daß die Sicherheit und Wohlfarth, sowohl sämtlicher Marschländer überhaupt, als eines jeden einzelnen Bewohners derselben, nächst dem Göttlichen Schutze, einzig und allein von der gehörigen Unterhaltung der wider die ungestümen Wellen wilder Fluthen sie schützenden Deiche und Dämme, und Vermeidung alles desjenigen, was selbigen auf irgend eine Weise, nachtheilig und schädlich seyn kann, abhänget; und man daher billig vermuthen solte, es würde ein jeder an seinem Theile, zur Erreichung einer so allgemein nöthigen Sicherheit, von selbst zu jeder Zeit, nach allen Kräften, gerne alles freywillig und ungezwungen beytragen: so lehret dennoch, leyder! die tägliche Erfahrung, daß gar viele Marsch-Eingesessene, sich dabey dergestalt träge, nachläßig, ungehorsam und unverantwortlich betragen, daß sie daher auch nur durch schwere Strafen, und obrigkeitliche Zwangs-Mittel zu dieser ihrer natürlichen Schuldigkeit angestrenget, und von den, dem so wichtigen Deichwesen nachtheiligen Vergehungen, abgehalten und abgeschrecket werden können. Und obgleich nicht weniger gewiß ist, daß eine allgemeine Deichordnung unmöglich statt findet, sondern selbige sogar an einem und demselben Flusse oder Strohme, gar verschieden seyn könne und müsse; so hat man es doch, nach den bisherigen Er-

fah-

fahrungen in diesem Fache, keinesweges überflüßig finden können, durch gegenwärtigen Entwurf, welcher
der Kürze, Deutlichkeit und Ordnung wegen, straf-
weise abgefaßt ist, Mittel, oder vielmehr Materialien, an die Hand zu geben, aus welchen, nach der
besonderen Beschaffenheit jeder mit Deichen und Däm-
men versehenen Strohmgegend, vielleicht vollständigere
Deichordnungen als bisher, entworfen werden können.

Es wird nun in diesem Entwurfe, nach Anleitung einer erst kürzlich zum Vorschein gekommenen,
und noch ungedruckten treflichen Deich-Ordnung, die,
wenigstens so viel ich weis, nur vorläufig zur weiteren Prüfung, für das Herzogthum Hollstein entworfen worden, vielfältig zum Grunde gesetzt: "daß alles
„und jedes Land, so durch einen davor aufgeführten
„Deich, vor Ueberschwemmungen geschützet wird, zu
„dessen Unterhaltung, nach einem gewissen Verhält-
„niß beyzutragen schuldig sey." Diese Unterhaltungs-
last muß also auf sämtliche zu einer gewissen Deichcom-
mune, oder einem Deichband, gehörige Interessenten,
so viel nur immer möglich, gleich vertheilet werden,
und scheint es unstreitig den Regeln der Billigkeit sowohl, als einer völligen Peräquation, am gemässesten
zu seyn, daß die Unterhaltungs-last, nicht blos secundum quantitatem, nämlich so viel Land, so viel Deich;
sondern auch secundum qualitatem, oder nach der
verschiedenen Beschaffenheit und Güte der länderey-
en, mithin nicht blos nach einer arithmetischen, sondern geometrischen Proportion, übernommen und getragen werden müsse.

Inzwischen wird die Unterhaltung der Deiche
gemeiniglich auf dreyerley Weise veranstaltet:

1) Ent-

1) Entweder man theilet die Deiche in gewiſſe Pfände, oder Schläge, ab, und legt auf jeden in dem
Deichbande belegenen Morgen Landes, eine gewiſſe Deich-Maſſe, ſo der Beſitzer deſſelben unterhalten muß.

Oder man läſt

2) die ſämtliche erforderliche Reparation für baares Geld verrichten, und vertheilet deſſen Be-
trag, über die dazu gehörige pflichtige Länderey-
en. Oder es wird

3) die Arbeit von den Deichbands-Intereſſenten,
nach einem gewiſſen Verhältniß gemeinſchaftlich
verrichtet, einem jeden ein Stück davon angewie-
ſen, darüber eine Rechnung formiret, und nach
erfolgtem Beſchluſſe, über die Ueber- und Un-
termaaſſe liquidiret.

Die Deichſchläge, oder Pfand-Deiche werden
nach Anzahl der Morgen, über dieſe vertheilet,
entweder daß gar kein Unterſcheid der Güte
des Landes, oder der Qualität des Deiches, oder
nur der letzteren, oder auch beider, gemacht wird.
In keinem von allen liegt anfänglich eine Unbilligkeit; denn es ſteht einem jeden frey, das Land mit der
damit verknüpften Bedingung zu nehmen, oder nicht
zu nehmen, und ſich im Preiſe darnach zu richten. Die
Nachfolger folgen auch im Rechte ihrer Vorweſer,
und von einem Morgen ſchlechtes Land, welches wohlfeil gekauft iſt, kan nach Abzug einer gleichen Deichlaſt, oft mehr überſchieſſen, als von einem Morgen
gutes Land, welches theuer gekauft iſt, weil von die-
ſem auch die Zinſen des größeren Capitals abzuziehen
ſind. Inzwiſchen muß die Deichlaſt doch auch nie ſo
ſchwehr ſeyn, daß ſie die Nutzung des Landes über-

steigen könne. In der Folge aber äussert sich oft dergleichen Ungleichheit. Die Güte des Landes ändert sich zwar so leicht nicht, allein die Qualität des Deiches kan grossen Veränderungen unterworfen seyn, und ein anfänglich gewesener Gras- oder Soden-Deich, zu Stroh- oder Stickel-, Holz- oder gar zum Steindeich werden. Ist nun die Länge eines solchen Deiches nicht beträchtlich, so wird zwar, wie bey allen dergleichen Unterhaltungen, wo die Beobachtung einer genaueren Gleichheit, nur zu grossen Weitläuftigkeiten Anlaß giebt, auf eine kleine Ungleichheit nicht geachtet, sondern es beym Alten gelassen. Ist die Ungleichheit aber einigermassen groß, und die Deiche sind von Anfang her gleich, oder nach der unterschiedenen Qualität, die Gras- und Soden-Deiche in grosse, und die Stroh-, Holz- oder Stein-Deiche in kleine Schläge, oder Pfände vertheilt gewesen, und ein Soden-Deich wird hiernächst zum Stroh- Holz- oder Stein-Deich; so erfordert es sowohl die Sicherheit des Landes, als selbst die Billigkeit, daß die daher entstehende Ungleichheit verbessert werde. Geschiehet solches nicht, so können die Unterhaltungs-Kosten, wider die schon angeführte Regel, so hoch anlaufen, daß sie die Einkünfte des dazu gehörigen Landes, oft weit übersteigen. Der Eigenthümer dürfte also, ehe er davon geht, den Deich jährlich in schlechtem Stande hin halten, wobey denn die allgemeine Sicherheit ungemein Gefahr laufen würde. Zuletzt aber müste er sein Land darüber gar verlassen, und anderen, deren schlechte und vorhin gefährlich gewesene Deiche, vielleicht zu sichern und Gras-Deichen geworden, nach dem alten Deich- oder Spaden-Rechte, Preiß geben, welches die gröste Unbilligkeit seyn würde.

Die

Die erste Eintheilung wird nämlich, wie vorhin
angeführet, allemahl nach einer gewissen Proportion
gemacht, und die Clausul, daß solche bey veränderten
Umständen, auf immer unverändert bleiben solle, weder ausdrücklich noch stillschweigend angehängt, vielmehr wird das Gegentheil dabey verstanden. Es gibt
also auch der nachherige Besitz dazu kein Recht, sondern es bleibt der obrigkeitlichen Anordnung jederzeit
frey, dem in der Folge gravirten Theil, wie es die
Sicherheit des Landes und die Erhaltung der Einwoh-
ner, als der Grundsatz einer jeden guten Deich-Ver-
fassung, erfordert, Hülfe wiederfahren zu lassen. Auch
würde es wider das herrschaftliche Interesse seyn, ein
Deichpfand so schlecht werden zu lassen, daß es von
dem dazu gehörigen Lande, nicht im Stande gehalten
werden könnte, weil niemand das Land mit einer solchen Deichlast annehmen würde. Zwar ist das Spa-
denrecht in hoc passu durchgehends abgeschafft. An einigen Orten werden die Deiche nach Verlauf gewisser
Jahre umgemessen, und eine neue Vertheilung derselben gemacht. An andern Orten hingegen wird den Interessenten, die auf vorbeschriebene Art prägraviret sind,
Beyhülfe gegeben, oder ihnen ein gewisser Theil wieder abgenommen, und zu einem Deich gemacht, den
die ganze Commune hiernächst gemeinschaftlich unterhält; wie denn auch überhaupt die Unterhaltung der
Deichpfände nur von der ordinairen Reparation zu ver-
stehen ist, in extraordinairen Fällen aber ebenfalls Beyhülfe geleistet wird. Solchergestalt kan nun freylich
auf eine jede von den drey beschriebenen Arten, die
nöthige Gleichheit, in Ansehung der, auf sämtliche
zu einer Deich-Commune gehörende Interessenten zu
vertheilenden Deichlast, besorget werden. Inzwischen
stehet nicht zu läugnen, daß die beiden ersteren dem-

Y 4 ohn-

ohngeachtet grossen Unvollkommenheiten unterworfen
sind; denn ausser daß die bey der ersteren Art erforderliche öftere Ummessung (die gleichwohl schlechterdings nöthig ist, wenn diese Vertheilungs-Art nicht
gar unvollkommen seyn soll) verschiedene Irrungen
und Weitläuftigkeiten verursachen kan, so sind auch
mit selbiger, nämlich mit Austheilung der Deiche in
gewisse Schläge oder Pfände, folgende Unbequemlich-
keiten verknüpft: 1) daß die Scheidungen der Pfände
in dem Deiche selbst, eine unebene und ungleiche Arbeit verursachen; und 2) viele auch ihre Deichschläge
oder Pfände nicht allein weit schlechter, sondern auch
alles Antreibens unerachtet, später als andere gute
Deicher machen, worüber oft ein Deich zum offen-
bahren Nachtheil der ganzen Commune, nicht zu rechter Zeit in den erforderlichen Stand gesetzet wird.

Die andere Art, nämlich die sogenannte Aus-
winnung der Deiche, ist zwar freylich besser, zieht
doch aber die Unbequemlichkeit nach sich, daß die un-
bemittelten Interessenten, welche nahe beym Deiche
wohnen, und also selbst daran die Arbeit füglich verrichten könnten, davon abgehalten werden, und hingegen dafür baares Geld, welches ihnen gleichwohl
fehlet, an andere bezahlen müssen; wie denn auch in
Nothfällen mit Ausdingung der Arbeit, und Herbey-
schaffung der Materialien, wenn selbige nicht in Bereitschaft sind, gar zu viele Zeit hingeht.

Diese sämtliche Unvollkommenheiten finden sich
bey der letzteren Art, nämlich bey der Communion-
Arbeit, überall nicht, welche daher billig allen übrigen weit vorzuziehen ist. Bey einer solchen Communion-Arbeit wird zuförderst ein Ueberschlag von der
gan-

ganzen, den jährlichen Umständen nach, erforderlichen
Deich-Arbeit gemacht, damit man wenigstens ungefähr wisse, wie viel einen jeden davon zu seinem Theil
treffe. Darauf werden die sämtlichen Interessenten
des Deichbandes zu einer zur Arbeit bequemen Jahres-
Zeit gekündiget, und einem jeden das ihm ungefähr-
lich zukommende Stück Arbeit angewiesen. Sind nun
unter den Interessenten wohlhabende Leute, oder solche welche mit anderen Gewerben mehr verdienen können, oder der Deich ist von ihnen zu weit abgelegen,
und diese wollen daher den ihnen zufallenden Theil
des Deiches, nicht selber machen, sondern lieber durch
andere verfertigen lassen; so wird solches von den übrigen, die sich unter andern Umständen befinden, und
mehr zu arbeiten Lust haben, mit verfertiget.

Von der gesamten Arbeit wird hiernächst, so bald
sie geendet, eine Rechnung verfertiget, und selbige
nach einer von dazu beeidigten Deichverständigen vor-
zunehmenden billigen Taxation, zu Gelde angeschla-
gen. Die weitere Berechnung zwischen den Deichpflichtigen dieserwegen ergiebt, welche mehr verdient
haben, als sie der vorhergegangenen Eintheilung nach
nöthig hatten, und dieser ihr Verdienst wird ihnen
von den andern, die entweder gar nichts, oder doch
nicht so viel als ihnen zugekommen, gearbeitet haben,
mit baarem Gelde sofort vergütet. Bey einer solchen
Communion-Arbeit, braucht also niemand Geld aus-
zugeben, der nicht kann noch will, auch keiner selbst
zu arbeiten, der nicht kann noch will, und dennoch
wird der Deich zu rechter Zeit fertig, die schlechte Arbeit dabey vermieden, mithin der gemeine Nutzen und
die Sicherheit am besten befördert.

Wie

Wie sehr stünde es daher nicht in jedem Betrach-
te zu wünschen, daß doch eine so gemeinnützige, und
jedem Interessenten, dem seine Erhaltung und Sicherheit lieb ist, so äusserst wichtige Einrichtung der
Communion-Deich-Arbeit, ohne welche sich, wahr-
lich, fast gar keine Vollkommenheit in dem ganzen
Deichwesen gedenken läst, allenthalben eingeführet werden könnte!

Ent-

Entwurf

zu

einer neuen Deich=Ordnung.

§. 1.

Strafe desjenigen, der einen Deich durchſticht.

Wer boshafterweiſe Deiche oder Dämme durchſticht, ſo wie auch Schleuſen und Siehle, oder andere dergleichen Waſſerwerke, muthwillig beſchädiget, wird anderen zum Beyſpiel, nach den Umſtänden, an Leib und Leben, Guth und Ehre beſtrafet.

§. 2.

Strafe desjenigen, der Dünen durchſticht.

Wer ſogenannte Dünen oder Sandhügel, die einem Lande zu natürlichen Deichen dienen, boshafterweiſe beſchädigt, oder durchgräbt, wird billig mit eben der Strafe belegt, als wenn er ſich an Deichen ſelbſt vergriffen.

§. 3.

Strafe desjenigen, der ſeinen Deich durch Nachläßigkeit durchbrechen läßt.

Wer ſeinen Deich durch rechtlich auszumachende Nachläßigkeit, oder gar Vorſatz, durchbrechen läßt, wird, nach den Umſtänden, dafür an Leib und Leben beſtrafet, und ſein Vermögen, zum Erſatz des dadurch verurſachten Unglücks, und der Koſten, ſo weit es zureicht, verbraucht.

§. 4

§. 4.

Es soll der umdeichten Marsch kein fremdes Wasser zugeleitet werden.

Wer eigenmächtig von der hohen Geest, oder aus einem benachbahrten Mohre, Wasser der umdeichten Marsch zuleitet, — Imgleichen, wer in einer, den Umständen nach, ausdrücklich weiter zu bestimmenden Breite, das Mohr, wenn es zu einer natürlichen Abdammung der Marsch, gegen das Geest- oder Wildewasser dienet, durchgräbt, und nicht vielmehr beständig dazu unangerührt liegen läßt, —

§. 5.

Bey eingetretenen Ueberschwemmungen, sollen zur angeblichen Erleichterung, diejenigen Deiche nicht durchgestochen werden, welche die übrige Gegend noch schützen.

Wer bey eingetretenen Ueberschwemmungen des bedeichten Landes, die sogenannten Schlaf-Deiche, Mittel-Deiche, Sturm-Deiche, Land-Deiche, Feld-Deiche, Achter-Deiche, Binnen-Deiche, Kuhr- oder Kaje-Deiche, Flügel-Deiche oder sogenannte Seitwenden, eigenmächtig durchsticht, um solche Ueberschwemmungen dadurch zu verringern, wird gleichmäßig dafür bestrafet. Obgleich das einbrechende Wasser zur Zeit der Noth sich etwas mehr verlaufen könnte, wenn dergleichen Deiche nicht auf den Gränzen, zwischen verschiedenen Deichbänden, wie auch gleichsam zu Retranchements, oder Abschnitten, in einem und eben demselben Deichbande vorhanden wären; so dienen sie doch gegentheils zu dessen eigenem Nutzen und Erhaltung, indem die übrigen Interessenten dadurch im Stande bleiben, dem nothleidenden Theile desto kräftiger und ehr zu Hülfe zu kommen; auch selbst die Bracken, oder Durchbrüche, durch den bald darauf findenden wenigeren Fall des Wassers ins bedeichte

Land,

land, zum allgemeinen Nachtheil, nicht so leicht noch weiter vermehret und vergrössert werden.

§. 6.

Strafe desjenigen, der jemanden auf andere Weise den Deich beschädigt.

Wer sonst dem andern vorsätzlich am Deiche Schaden thut, muß ihn sofort herstellen, und Strafe geben. —

§. 7.

Die Bemerkung einer gefährlichen Deichstelle bey Wassers-Gefahren, muß von jedermann sofort öffentlich angezeiget werden.

Wer bey Wassers-Gefahren irgendwo eine gefährliche Deichstelle entdecket, und solche nicht sofort gehörigen Orts anzeiget, noch die Benachbarten dazu sogleich zu Hülfe rufet, — Und wenn letztre nicht sofort darauf erscheinen, und alle nur mögliche Hülfe leisten, werden selbige gleichmäßig dafür bestrafet.

§. 8.

Anordnung eines unveränderlichen Wassermaaßes, oder sogenannten Peils.

Welcher Deichband nicht jederzeit, auf jeder Meile Entfernung von einander ein unveränderliches Wassermaaß, oder sogenanntes Peil an seinen Ufern aufs sorgfältigste unterhält, — An einem solchen Wassermaaße, muß nach Fuß und Zollen vornämlich:

A) die Höhe des allerniedrigsten Wassers;

B) des in der Gegend jemahls erlebten, oder sonst auf eine sichere Art jemahls bekannt gewordenen allerhöchsten Wassers, bey einer offenen Strohmbahn; und

C)

C) des allerhöchsten Wassers bey einer mit Eis belegten, oder vielmehr vom Eise verstopften Strohmbahn, aufs genaueste bemerket werden.

Imgleichen

D) die Höhe der ordinairen Fluth; und

E) die Niedrigkeit der ordinairen Ebbe.

Nach A oder E) geschieht hiernächst beständig die Bestimmung der Tiefen und Untiefen des Flusses, wie auch der nöthigen Höhe aller Wasserwerke, u. d. g. m. Nach C) die Nothwendigkeit und Einrichtung der Aufdammungen zur Nothhülfe, bey einer vom Eise verstopften Bahn. Nach D) die Einrichtung der Bedeichungen überhaupt, und Anlage der dazu nöthigen Wasserwerke. Nach B) aber vornämlich die unwandelbahre Bestimmung der Höhe eines jeden Haupt-Deiches, und der daraus weiter zu bestimmenden ganzen Stärke derselben, indem es ein-für allemahl fest gesetzt bleibt, daß jeder Haupt- oder Winter-Deich, über dies Wassermaaß, wenigstens 1½ Fuß, ohne alle Besandung der Kappe, ganz unumgänglich jederzeit erhoben seyn müsse.

§. 9.

Strafe desjenigen, der ein solches Wassermaaß verfälschet oder beschädiget.

Wer ein solches Wassermaaß, worauf mittelbarerweise die Sicherheit der ganzen Gegend beruhet, auf eine oder die andere Art, muthwillig beschädiget, oder verfälschet, wird unabbittlich mit der schwehrsten Strafe beleget.

§. 10.

§. 10.

Beständige Einrichtung der Deiche nach einem solchen Peile, oder Wassermaasse.

Wer von den Deichpflichtigen seinen Haupt-Deich, nach obigem, bey dem Buchstaben B. beschriebenen Wasserstande, nicht sowohl in Ansehung der ganzen Stärke desselben, als nämlich der Anlagen zu beiden Seiten, und der sogenannten Kappenbreite, beständig unterhält, sondern auch besonders in Ansehung der Höhe, — für jedes daran fehlende Viertel eines Fusses, die Besandung der Kappe ungerechnet, — liegt in solchem Deiche eine Schleuse, oder ein Siehl, wird die Strafe dafür noch ungleich höher angesetzt.

§. 11.

Alte Deiche, welche nach demselben zu hoch sind, dürfen gleichwohl nicht abgegraben werden.

Wer aber einen Deich hat, der höher ist als das Maaß B, muß ihn keinesweges desfalls abgraben, sondern er geniest vielmehr davon den Vortheil, daß er auch selbst bey dem Wasserstande C, seinen Deich wenig oder gar nicht aufzudammen brauchet.

§. 12.

Einrichtung einer Deich- und Strohm-Charte.

Jeder Deichband soll beständig, mit einer besonderen Deich- und Strohm-Charte versehen seyn, auf welcher folgendes mit mathematischer Genauigkeit anzugeben ist, als:

1) die Lage der Deiche, und Richtung des Flusses, und Strohmes überhaupt;

2) die Tiefen und Untiefen des Strohmes in gewissen beständig gleichen Entfernungen von einander, nebst dessen etwanigen Inseln, Werdern und

und Sandfeldern; und diese nicht allein nach deren Grösse, sondern auch Höhe, unter oder über dem Waſſer; und aus welcher Erdart ſowohl ſie, als auch ſo viel nur möglich, das Grund-Bette des Strohmes beſtehe.

3) Eben alſo auch in Anſehung des ſogenannten Wattes und Vorlandes vor den Deichen; und wo Anwuchs oder Abbruch befindlich.

4) Von jeder etwas veränderten Art und Lage der Deiche vollſtändige Profile, nach einem ſröſſeren Maaßſtabe; nebſt Anzeige der Erdart derſelben, und des Grundes und Bodens worauf ſie liegen; wobey zugleich die Höhe des in der Gegend jemahls erlebten, oder bekannt gewordenen höchſten auch niedrigſten Waſſerſtandes, aufs genaueſte und richtigſte anzugeben.

5) Eben alſo auch in Abſicht ſämtlicher ſogenannter Sommer-Deiche, Binnen-Deiche, Flügel-Deiche, Kaje- oder Kuhr-Deiche, Geeſt-Mohr- oder Heide-Deiche und Dämme, wie dergleichen nur Namen haben mag.

6) Alle und jede Waſſerwerke, groß oder klein, ſie beſtehen woraus, oder worin ſie wollen.

7) Das umdeichte Land, nebſt allen den Vorkehrungen, die zu deſſen Abwäſſerung gehören, oder darauf ſich beziehen; wie auch die verſchiedene Güte und Lage des Landes, und zwar letzteres in Abſicht des äuſſeren Waſſerſtandes.

8) Den Lauf und Ausfluß kleinerer Flüſſe, nebſt deren gröſten und geringſten Tiefen.

9) Die

9) die besonderen Namen und Benennungen jeder Deiche; imgleichen ob sie Soden- oder Groden, Stroh- oder Stickel, Flöcken, Holz- oder Stein-Deiche sind; auch gegen welchen Windstrich jeder dieser Deiche lieget.

10) das gegenüber befindliche Ufer, in so ferne es nicht unabsehlich entfernt ist, und Einfluß auf das andere Ufer haben kann; Alsdann auch die etwanige Bedeichung, Beschaffenheit, Grösse und Höhe jener Ufer, nebst deren sämtlichen Wasserwerken.

11) die Höhe der Ebbe und Fluth, extraordinairer sowohl als ordinairer Fluthen und Springfluthen; des sogenannten Wachs- oder Oberwassers; des Falles und der Geschwindigkeit des Flusses. Und endlich

12) müssen die Strohm- und Deich-Charten eines jeden Deichbandes, jedesmahl nach einerley Maaßstabe verfertiget, und davon ein Exemplar höchsten Orts eingesandt werden, damit jeder Deichbeamte sich bey den jedesmahligen Berichtserstattungen, füglich darauf beziehen könne, bey besonderen und wichtigen Vorfällen aber, nur nöthig habe, speciellere Plane von der Gegend quaest. (die sich aber auf die generalen Plane ausdrücklich beziehen müssen), nach einem grösseren Maaßstabe, solchen Berichten beyzulegen.

Uebrigens müssen die generalen Plane sämtlich, nach Ablauf einer gewissen festzusetzenden Zeit, aufs neue, nach dem ein- für allemahl angenommenen Maaßstabe, gemacht, oder doch wenigstens nach den inzwi-

Z   schen

schen eingetretenen Veränderungen, aufs neue eingerichtet werden.

Alle diese Plane müssen sorgfältigst aufgehoben
werden, um dadurch Ursachen und Folgen der so man-
nigfaltigen Veränderungen in der Bahn der Flüsse
und Ströhme, sicher beurtheilen, und solchergestalt
sich endlich dadurch eine allgemeine, höchstnöthige, und
zuverläßige Historie des ganzen Deichwesens erwerben
zu können, als woran es bis itzt, wenigstens so viel
bekannt ist, noch jeder Deichgegend, zum unersetzli-
chen und unendlichen Nachtheile derselben, mangelt.

§. 13.

Anordnung der Deichbesichtigungen oder sogenannten Schauungen.

Wer von den Deichbeamten nicht jedes Jahr wenigstens zwo allgemeine ordinaire Deichbesichtigungen,
oder sogenannte Schauungen, mit Zuziehung der sämtlichen ihm untergeordneten übrigen Deichbedienten,
auch der Schulzen, oder Bauermeister, und sämtlichen
Deichpflichtigen und Interessenten, in seiner ganzen
Ober-Deich-Aufsicht abhält, darüber die nöthigen
Protocolle aufnimmt, und höhern Orts zur weiteren
Bekanntmachung und Bewilligung einsendet; wird,
wenn er nicht wichtige, sobald nur möglich anzuzeigen-
de Entschuldigungen dagegen einzubringen hat, mit
dem Verluste seines Dienstes bestrafet. Diese allgemeine Deichbesichtigungen müssen, zu jedermanns Wis-
senschaft, Acht Tage vorher, von den Kanzeln in der
Kirche angekündiget, und folgendergestalt gehalten
werden:

Die erstere Deichschaue, heißt die Vorschaue,
oder auch wohl Krautschaue, und muß in den Mo-
nathen

nathen April und May gehalten werden. Auf der=
selben wird eigentlich angeordnet, was in dem Jahre, oder
vielmehr zwischen dieser und der nächstfolgenden Schaue,
zu Herstellung, Unterhaltung und Verbesserung der
Deiche, und deren Wasserwerke, von einem jeden
Interessenten vorgenommen, und gemacht werden müs=
se. Gleichwohl werden auch schon dabey, die außer=
dem sofort sich zeigende Wrugen oder Strafen angesetzt.

Die andere Deichschaue, heißt die Nachschaue,
oder auch wohl Hauptschaue, und muß in den Mona=
then September und October gehalten werden. Auf
derselben wird Punct für Punct aufs genaueste nach=
gesehen, in wie ferne die bey der Vorschaue angeord=
nete Arbeit, an den Deichen, und deren Wasserwer=
ken, würklich und tüchtig geschehen. Fehlt es sodann
noch an einem oder dem andern Interessenten, so wird
er nach Maaßgabe der Deich=Ordnung, sofort dafür
zur Strafe angesetzt, wenn er auch gleich noch selbst
an dem Schauungs=Tage damit völlig fertig werden
könnte. Außerdem werden auch noch, so wie bey der
Vorschaue, die sich immittelst noch überdem zeigende
Wrugen, oder Strafen, gehörig angesetzt. In eini=
gen Deichgegenden hält man jährlich drey, oder auch
wohl gar vier solcher Schauungen, wobey es denn
auch, dem Herkommen gemäß, verbleiben kann.

§. 14.
Angeordnete Untersuchung der Tiefen des Strohmes.

Wer von den Deichbeamten überdem nicht noch,
zu der nöthigen Belehrung der vor den Deichen, und
deren Wasserwerken, aus dem Grunde des Flusses
vornemlich zu befürchtenden Gefahr, oder zu hoffenden
Sicherheit, bey ruhiger Witterung, wenigstens ein

Z 2   Jahr

Jahr ums andere, eine besondere, genau zu verzeich:
nende Untersuchung der Tiefen des Strohmes in gewis:
sen beständig fest zu setzenden Entfernungen von einan:
der, an den Gefahr: Deichen, längst welchen der
Strohm unmittelbahr herfließet, queer in, oder nach
den Umständen auch ganz durch den Fluß, vornimt,
und zwar nach dem in dieser Deich: Ordnung vorgeschrie:
benen und angeordneten unveränderlichen Wassermaaß:
se, mit Zuziehung derjenigen Vorsteher und Unterbe:
diente, die er dazu gut findet, — In sehr gefährli:
chen Deichgegenden aber, muß solches jedes Jahr ge:
schehen, besondere Profile, nach einerley Maaßstabe,
davon aufgenommen, zum sorgfältigsten Vergleiche der
nachfolgenden aufgehoben, und mit einem Berichte
höheren Orts eingesandt werden. Aehnliche Untersu:
chungen müssen auch, in Ansehung der Breite und
Höhe der Watten, so weit nemlich die niedrigste Ebbe
trocken vor den Deichen abläuft, vorgenommen werden.

§. 15.

Angeordnete Untersuchung der Abwässerung.

Wer von den Deichbeamten ausserdem nicht noch
jährlich, auch über die nicht weniger wichtige Abwässe:
rung des umdeichten Landes, sowohl im Frühjahre
als Herbste, und so wie es nur der Stand des Was:
sers erlauben will, zwo der vorbeschriebenen Schauun:
gen, nach dem ausdrücklichen Inhalte dieser Verord:
nung, vornimt; und dabey die ordnungsmäßige Be:
schaffenheit aller Arten von Wasserleitungen, Schleu:
sen, Siehle und Brücken, genau vorschreibt und un:
tersucht —

§. 16.

§. 16.

Strafe der Deichbediente, die sich zur Zeit der Noth, nicht auf
den Deichen einfinden.

Wer von den Deichbedienten sich, ohne die wich:
tigsten Entschuldigungen, zur Zeit der Noth nicht auf
den Deichen einfindet, —

§. 17.

Angeordnete Noth-Materialien, und sonstige Hülfe, zur Zeit
der Noth.

Welcher Deichband zur Zeit der Noth, bey ho:
hen Fluthen und gefährlichem Eisgange, nicht auf ei:
gene dazu bestimmte Plätze, Wagen mit Erde und
Mist, oder anderen dazu brauchbaren und vorhande:
nen Materialien beladen, wie auch eine gewisse Anzahl
im Geschirr befindlicher und gesattelter Pferde unter:
hält, —

§. 18.

Angeordneter Vorrath an Fläcken.

Wer nicht jedesmahl so viele Fläcken von Wei:
denbusch vorräthig hat, als er bey Sturm und hohem
Wasser zur Bedeckung seiner dem Strohme unmittel:
bar ausgesetzter Deiche bedarf, —

§. 19.

Desgleichen an Sandsäcken und sonstigen Instrumentalien.

Wer von den Deichpflichtigen ausser obigen Flä:
cken, nicht auch jedesmahl einige Bretter und Pfähle;
Schlägel und Spaden; imgleichen für jede, nach den
Umständen etwa 2 Morgen Deichpflichtigen Landes,
so bey dem Hofe gehöret, einen Sand-Sack zu aller,
und jeder Zeit, zur Hand und in Bereitschaft hat, —

3 3 §. 20.

§. 20.

Strafe derjenigen, welche dergleichen Hülfs = Mittel nicht sofort leisten.

Wer bey hohem Wasser und gefährlichem Eis=gange, nicht sofort zur angesetzten Zeit, die ihm zur Noth=Hülfe aufgegebene Quantität Faschinen, Busch, Pfähle, Bretter, Mist u. d. g. dahin wo es gefordert bringet, der soll für ein fehlendes Fuder Mist — für jedes Brett — für ein Schock kleine Pfähle — für jedes Schock Busch — und für jede Faschine — wobey es zu keiner Entschuldigung gerei=chet, daß diese Materialien nicht bey der Hand gewe=sen, indem jede Obrigkeit und jede Gemeinde verpflich=tet ist, dahin zu sehen, daß dergleichen Materialien jedesmahl zur Zeit der Noth zum voraus bereit sind. Ueberdem sind Säumseelige durch die würksamste Mit=tel, in continenti zu Heranbringung erwehnter Ma=terialien anzuhalten.

§. 21.

Imgleichen derjenigen, welche Noth = Hülfe mit Spann = und Haud=Arbeit versagen.

Wer zu einer schleunig erforderlichen Noth=Hülfe mit Gespann und Hand=Arbeit von den Deich=bedienten bestellet wird, und ausbleibt, für jedes Gespann — und für die unterlassene Hand=Arbeit die Hälfte.

§. 22.

Deichwachen.

Wer zur Deichwache bestellet ist, und nicht zur gesetzten Stunde am bestimmten Orte erscheinet, oder ehe er abgelöset wird, davon gehet, und was ihm da=bey vorgeschrieben, nicht sorgfältigst beobachtet, — Eben so viel, wenn zu einer solchen Wache von den In=teref=

tereffenten untüchtige Leute geftellet werden, die im
Nothfalle nicht tüchtig angreifen können. Sie müffen
theils mit eifernen Schaufeln, theils mit Axten, auch
in dunkler Nacht, jeder mit einer Leuchte verfehen feyn.
So viel nur möglich müffen zu dergleichen Wachen
überhaupt würkliche Intereffenten genommen werden.

§. 23.
Strafe der Unwilligen und Unfolgfamen überhaupt.

Wer bey fo dringenden Vorfällen überhaupt fich
unwillig oder unfolgfam bezeigt, —

§. 24.
Alle Materialien, welche zu Abwendung einer offenbahren Waffers= Noth zu gebrauchen ftehen, müffen von jedermann fofort ganz frey und ungehindert genommen und hergegeben werden, da wo fie nur zu haben.

Wer zur Zeit der Noth, bey hohen Fluthen und
Eisftopfungen, dasjenige an Materialien zur verlang=
ten Nothhülfe nicht fofort gutwillig hergiebt, was er
dazu in Händen hat, der foll — Ueberdem kann es
ihm (in diefem Falle aber nur allein) mit Gewalt ge=
nommen werden. Bey harter Strafe aber darf fich
diefer Freyheit kein Nachläßiger bedienen. Das ge=
lieferte wird nachher entweder unbefchädigt wieder zu=
rück gegeben, oder vom Deichbande nach dem wahren
Werthe bezahlt. Selbft die Sparren auf den Dächern
darf niemand bey fo aufferordentlichem Nothftande
weigern.

§. 25.
Anordnung und Einrichtung fogenannter Pinplanken.

Wer von den Deichpflichtigen, zumahl in den
Gegenden der Flüffe, wo jährlich Eisftopfungen zu be=
fürchten find, nicht jederzeit doppelt fo viele Diehlen,

oder

oder Bretter in Bereitschaft hält, als überhaupt die
Länge seines Deich-Antheils beträgt, um vermittelst
derselben, bey eintretender Wassers-Noth, in mög-
lichster Eile auf der Strohmwärts befindlichen Deich-
kannte, eine Verhöhung des Deiches plötzlich zu
Stande zu bringen, der soll für jedes fehlende und
mangelhafte Brett — Diese Bretter, welche man in
Holland Pinplanken zu nennen pflegt, müssen 1) bey
jeder Deichbesichtigung an den Deich gebracht, und
daselbst vorgezeiget werden; 2) jedes Stück 16 bis
18 Fuß lang, zwey Fuß breit, zwey Zoll dick, und
unten der Länge nach zugeschärfet seyn; 3) jedes Stück
an beiden Enden, oder auch in der Mitte, mit 3 bis
4 Fuß langen mit eisernen Schuhen oder Spitzen be-
schlagenen Pfählen versehen seyn, die an den Brettern
mit eisernen Schehnen und Nägeln befestigt, und. 4)
muß jedes dieser Bretter, mit Theer, oder einer Oehl-
Farbe, zu besserer Erhaltung derselben angestrichen,
und die Numer der Deichrolle, oder wie die Bretter
sonst Strohmwärts von oben nach unten folgen, daran
gemahlet werden. Zwischen den beiden Reihen der
zur Zeit der Noth auf den Deichen einzuschlagenden
Brettern, wird sodann nach den Umständen in einer
Breite von drey und mehreren Fuß, Stroh, Mist,
Busch, und Erde, und was sonst dazu nur in Eile
zu haben, bestmöglichst eingedammet.

§. 26.
Beschaffenheit der Nothhülfe und Nothzeichen.

Wer leichtsinnig genug ist, bey einem ihm und
der ganzen Marsch, oder Deich-Gegend, drohenden
Wassersnoth sich säumig zu bezeigen, dem Rufe des
Deichamts nicht zu folgen, oder seinen eigenen, dem
gemeinen Nutzen vorzuziehen, wird mit empfindlicher
Leibes-

Leibesstrafe angesehen, und gilt dagegen die Einwendung der Gefahr nicht, weil einem allgemeinen Unglücke vorgebauet werden soll; und da bey dergleichen Fällen keine Zeit zu versäumen, so müssen alsdann insbesondere aller Deichbeamten und Deichbedienten Verordnungen und Veranstaltungen, bey Vermeidung der empfindlichsten und härtesten Strafen, auf das genaueste befolget werden. Wäre etwas dagegen einzuwenden, so kann und muß solches nachher gehörig untersuchet werden. Sieht es nun gefährlich um einer ganzen Gegend aus, so wird von den Wällen der nächsten Vestung das schwere Geschütz abgefeuret, und auf den Thürmern die Sturmglocken gezogen, worauf sogleich die zur Zeit der Noth gewöhnlichen Deichwachen, mit Mannschaft und Laternen, auch Mistwagen, und allen andern Arten von Nothwendigkeiten, die nur sogleich zur Hand zu haben, ohne zu erwartende weitere Ordre, verdoppelt werden müssen; und damit ein jeder auf seiner Huth seyn könne, wird an den Orten, wo Sturmglocken zu weit abgelegen, auch nicht zu hören, durch drey Schüsse nach einander Zeichen gegeben, die ein jeder, wer nur Gewehr hat, dem andern mittheilet. Auch wäre es gut, wenn in so gefährlichen Gegenden, auf gewisse abzusehende Entfernungen der Deiche, auf hohen Stangen Pechtonnen befindlich wären, die alsdann angezündet würden, wornach Vestungen und Thürme sich zu richten, um von daher auch ihre Lärmzeichen zu geben. Nimt die Gefahr zu, und die Nothzeichen werden wiederholet, so muß alles was wehrhaft ist, bereit seyn, und sich ohne anderweite Ordre, an bestimmte Derter, ohne alle Säumniß stellen.

Z 5 §. 27.

§. 27.

Willkührliche Rettung des Viehes wird verboten.

Wer bey zu befürchtender Wassersnoth sein Vieh, ohne vorherige ausdrückliche Einwilligung des an Ort und Stelle gegenwärtigen Deichbedienten, zu retten suchet, der soll — Und zwar dieß nicht bloß, weil dadurch auf eine gewisse unschätzbahre Zeit, die Noth= hülfe am Deiche verringert wird, sondern weil es auch Erfahrungen traurig genug lehren, daß sobald der Unterthan, nur sein Vieh oder das von ihm sogenannte Gut gerettet oder in Sicherheit gebracht hat, als= dann auch selbst bey allen nur anwendbaren Mitteln, wenig oder gar keine Nothhülfe weiter von demselben zu erlangen steht.

§. 28.

Wann die Wachen; nach schon eingetretenem Unglücke, vom Deiche abgehen können.

Wer eigenmächtig von den Wachen abgeht, wenn auch gleich aller angewandten Mühe ungeachtet, der Deich schon durchgebrochen, wird mit — bestrafet, indem es nunmehr noch, zu Verhinderung grösseren Un= glücks, darauf ankömmt, die beiden Enden des durch= gebrochenen Deiches, durch eine oder die andere Vor= kehrung, gleich, so tüchtig als nur möglich, zu ver= wahren. Widrigenfalls vergrössert sich der Durchbruch jeden Augenblick, besonders an dem Strohmwärts hin= unter befindlichen Ende des durchgebrochenen Deiches, oder demjenigen, wo Strohm und Wind aufstößt.

Eben so auch in Ansehung der unerlaubten Ent= fernung der Wachen, wenn der Fall einträte, daß ein Durchbruch noch gleich wieder gefangen, hergestellet, oder umbeichet werden könnte.

§. 29.

§. 29.

Anordnung und Einrichtung der sogenannten Fang=Deiche.

Wer nach einem von Grund aus erfolgten Deich=
bruch, um das dadurch entstehende Brack, vorläufig
einen sogenannten Fang=Deich anzulegen hat, muß
vornämlich dahin sehen: 1) daß die Linie dazu in der
Maaße gewählet werde, daß solche nachher auch zum
Haupt=Deiche beybehalten werden könne, in so ferne
mit derselben umgedeichet werden muß; 2) daß wenn
auch dieß nachher nicht gut gefunden werden sollte,
und der Fang=Deich, wie gemeiniglich, landwärts
um dem Bracke liegt, derselbe doch wenigstens zu nach=
heriger Verhinderung des Durchquellens liegen bleibe,
in so ferne dies irgend zu befürchten ist; 3) daß dem
Fang=Deiche, nach Art der Sommer=Deiche, an
den höchsten, festen und ruhigsten Orten, auf einer
gewissen Länge ein Ueberfall gelassen werde; 4) daß
der Fang=Deich nicht ohne die größte Noth Strohmwärts
ums Brack geleget werde, weil es widrigenfalls der
Strohm selbst nicht mehr mit Sand, Erde und
Schlamm, wieder ausfüllen, oder seichter machen
kann, welches sonst bey noch fortdaurendem hohen Was=
ser, oft auf eine beträchtliche Art geschieht; und 5)
daß die Anlegung des Fang=Deiches, so bald es sich
nur wegen der erfolgten Ueberschwemmung thun läßt,
vorgenommen werde. Jedoch eile man dabey auch
nicht zu sehr, und bedenke: a) daß das größte Uebel
gemeiniglich schon geschehen; b) daß wenn auch der
Fang=Deich wieder weggeht, das Uebel noch ärger,
das alte Brack entweder ansehnlich vergrössert, oder
auch wohl gar noch ein neues beym Weggehen des Fang=
Deiches entstehen werde; daher man denn auch c) den
Fang=Deich keinesweges auf Busch legen, noch aus
Busch machen darf, um die Arbeit desselben, etwa
wegen

wegen des noch fortdaurenden hohen Wassers, zu
beschleunigen.

§. 30.
Wegräumung der Noth-Materialien.

Wer nach gänzlichem Falle des Wassers, Fläcken,
Busch und Pfähle, oder andere zur Noth-Hülfe an
den Deich gebrachte Materialien, nicht sofort gänzlich
wieder wegschafft, sondern den Deich darunter hohl,
locker und mürbe werden läßt, der soll —

§. 31.
Strafe derjenigen, die sich den Deichbedienten widersetzen.

Wer sich den Deichbedienten, und deren Anordnung widersetzt, oder auch wohl gar gegen sie mit Worten vergehet, wird ohne Nachsicht am Leibe bestrafet;
gehen die Deichbediente zu weit, wird solches besonders, aber nachher untersucht, und nach den Umständen bestrafet.

§. 32.
Strafe des gestöhrten Deich-Friedens.

Wer bey den Deichbesichtigungen, oder Schauungen Zank und Streit anfängt, oder sonst den Deich-
Frieden stöhret, —

§. 33.
Strafe vorsätzlich behinderter Deich-Besichtigungen.

Wer sowohl die ausserordentlichen als ordentlichen
Besichtigungen der Deiche, auf eine oder die andere
Art, vorsätzlich behindert, der soll —

§. 34.
Strafe desjenigen, der jemand bey der Deich-Arbeit schlägt, oder schilt.

Wer jemanden bey der Deich-Arbeit schlägt oder
schilt, giebt doppelte Strafe.

§. 35.

§. 35.

Desgleichen der Deich-Geräthschaften entwendet.

Wer Deich-Geräthschaften entwendet, der soll zu zehnfacher Erstattung, auch nach befinden zu Festungs-Arbeit, verdammet werden.

§. 36.

Unterhaltung der Deiche in voller Erde, steifer Linie, und nachbar gleicher Höhe, besonders bey Schleusen und Siehlen.

Wer seinen Deich nicht zu beiden Seiten in voller Erde und steifer Linie unterhält, sondern Löcher, Sinkungen, Gruben und andere Arten von Beschädigungen bey den allgemeinen Deichbesichtigungen daran finden läßt, der soll für jede Ruthe — liegt aber in solchem Deiche eine Schleuse, oder ein Siehl, so wird diese Strafe ungleich höher dafür angesetzt. Ueberdem muß ein solcher Deich, nebst einer Länge von 100 Fuß des unmittelbar zu beiden Seiten daran stossenden Deiches, bey Vermeidung eben dieser vervielfältigten Strafe, jederzeit um zwey Fuß höher, als die übrigen Deiche, sorgfältigst unterhalten werden.

§. 37.

Unterhaltung des Fusses, und der Grundwerke.

Wer die Grundwerke seines Deiches nicht in tüchtigem Stande unterhält, benebst dem Fusse und der Berme des Deiches, der soll für jede Ruthe —

§. 38.

Deich-Vorsteher müssen ihre eigene Deiche vorzüglich in exemplarischem Zustande unterhalten.

Wer von den Deich-Geschwohrenen, Deichrichtern oder Heimräthen, seinen Deich nicht selbst in vollkommenem, schaufreyem, und exemplarischem Zustand erhält, wird dadurch bey nächster Schaue sofort un-

abbitt-

abbittlich abgesetzt, auch nach den Umständen noch
härter bestrafet.

§. 39.

Eigenmächtige neue Bedeichungen, und Veränderung alter Deiche,
sind verboten.

Wer ohne Vorwissen und ausdrückliche Einwilligung des Deichamts, irgend eine neue Bedeichung,
oder Veränderung alter Deiche vornimmt, so wenig
land= als Stromwärts von der Haupt=Deichlinie, —

§. 40.

Strafe für gegrabene Löcher in den Deich.

Wer Löcher in den Deich gräbt, Gemüß, oder
d. g. darin zu kellern, es sey nun land= oder Strohmwärts —

§. 41.

Desgleichen für Schmählerung und eigenmächtige Veränderung der
bisherigen Deich=Anlage.

Wer aus Nachläßigkeit, oder vermittelst einer
unvollkommenen Deich=Arbeit, den Deich eigenmächtig einzieht, schmählert und schwächet, oder ihm auch
sonst eine andere Anlage gibt, als er der Ordnung nach
vorhin gehabt —

§. 42.

Desgleichen für Keller und Brunnen, an= und in den unmittelbar
am Deiche stehenden Häusern.

Wer Keller, oder auch wohl gar Brunnen, an
und in den unmittelbar am Deiche stehenden Häusern
anlegt, oder die alten nicht eingehen läßt, und mit
guter Kleyerde tüchtig ausfüllet, —

§. 43.

§. 43.

Verordnung wegen der Gebäude an= und in den Deichen.

Wer überhaupt auf eine oder die andere Art in gewissen ausdrücklich festzusetzenden Entfernungen, an den Deichen bauet, grosse oder kleine Gebäude daran setzet, — Auch muß beständig dahin gesehen werden, daß die zum grösten und offenbahresten Nachtheil des ganzen Deichwesens, an den Deichen befindliche Gebäude, so viel nur möglich zu machen, eingehen; und nicht wieder hergestellet werden.

§. 44.

Desgleichen der Wurthen an denselben.

Wer die Wurth eines unmittelbar an einem Deiche stehenden Gebäudes, nicht eben so sorgfältig und tüchtig wie den übrigen Deich unterhält, der —

§. 45.

In den Strohm darf niemand eigenmächtig bauen.

Wer auf eine oder die andere Art überhaupt eigenmächtig, und ohne vorherige Anzeige bey den Deichbedienten, oder Beamten, und deren ausdrückliche Einwilligung und Anweisung, in den Strohm bauet, —

§. 46.

Verordnung wegen des Neunaugen=Fanges.

Wer ohne ausdrückliche Erlaubniß und Anweisung der Deichbediente, zum Fang der Neunaugen, Körbe, oder sogenannte Pforten, auf den untiefen Stellen des Flusses einpfählet, oder auf eine oder die andere Art sonst vorrichtet, —

§. 47.

§. 47.

Ueber einen Fluß darf niemand eigenmächtig eine Eisbahn
gießen.

Wer zur Winterszeit eigenmächtig, und ohne
ausdrückliche obrigkeitliche Erlaubniß und Anweisung,
eine Eisbahn über einen Fluß gießet, —

§. 48.

So wenig fremde Theile, als Sand= und Mohr=Erde, dürfen in
einen Erd=Deich gebracht werden.

Wer fremde Theile, als Holz, Steine, Busch
und Stroh, oder auch, ohne die höchste Nothwen=
digkeit, Sand= und Mohr=Erde in das thonigte Erd=
reich bringet, —

§. 49.

Deiche dürfen nicht auf Busch geleget werden.

Wer Deiche auf Busch legt, oder die vor den=
selben etwa nöthige Grund= und Busch=Betten nicht
völlig Strohmwärts so weit hinaus legt, daß der Deich
und dessen Fuß völlig frey, und allein auf festem Erd=
grunde liege, —

§. 50.

Bedeichtes Land darf nicht ohne Deich, und Deich nicht ohne be=
deichtes Land seyn.

Wer in einem Deichbande bedeichtes Land ohne
Deich, und Deich ohne bedeichtes Land verkaufet und
verpachtet, oder auch annimmt; der soll —

Eben dieß gilt auch in Absicht der sämtlichen Ko=
sten, welche nur auf Ländereyen, Behuf der Abwässe=
rung, oder auch Zuwässerung, haften können, und
gilt hiebey überhaupt keine etwanige bisherige Posseßion
der Freyheit.

§. 51.

§. 51.

Wer bedeichtes Land kauft, muß im Deichbande wohnen.

Wer mit der Deichlaſt beſchwertes Land an jemanden verkaufet, der nicht in dem Deichbande wohn-
bahr, — Auſſerdem wird ein ſolcher Verkauf ſofort
wieder null und nichtig, er ſey auch ſo alt, wie er
wolle.

Eben dieß gilt auch von eben vorhergegangenem §.

§. 52.

Deichpfände dürfen nicht eigenmächtig vertauſcht werden.

Wer den einem Grundſtücke zur Unterhaltung
zugewieſenen Deich, mit dem einem andern Grundſtücke zugemeſſenen Deich=Antheil, oder Pfande, eigenmächtig, und ohne Vorwiſſen des Deichbeamten,
vertauſchet, — Wann aber bey gleichen Deichpfän-
den, zwey mit einander einig würden, ſelbige, wegen
etwaniger Bequemlichkeit, daß z. E. die zu verwech-
ſelnde Deiche ihnen näher lägen, oder an ihre übrigen
Deichpfände ſtieſſen, zu vertauſchen; ſo wird ſolches
von Seiten der Ober=Deich=Aufſicht, als eine zum
beſten des ganzen Deichweſens gewiß ſehr wünſchens-
würdige Sache, gerne geſehen, ja Amtswegen eine
ſolche Vertauſchung ſelbſt, und in alle Wege, zu ver-
anlaſſen und zu erleichtern geſucht werden; nur muß
ſolche ſofort gehörig angezeiget, und in der Deich=Rolle
ſorgfältig regiſtriret werden.

§. 53.

Widrigenfalls wird die Vertauſchung, Obrigkeitswegen als nicht
geſchehen angeſehen.

Wer von den Deichpflichtigen ſich jedoch ordnungswidrig gelüſten lieſſe, mit jemanden einen Con-
tract, wegen Uebernehmung und Umtauſchung der

Aa   Deiche,

Deiche, oder Dämme, eigenmächtig zu machen, so
soll dennoch solches für nicht geschehen geachtet, und
von demjenigen Grund-Stücke, welches solchergestalt
befreyet werden wollen, die Unterhaltung des ihm vorhin zugemessenen Deichpfandes, und was demselben
nach der Deich-Ordnung zu thun obliegt, nach wie
vor gefordert, und nöthigenfalls Modo Executionis
realisiret werden.

§. 54.
Präscription findet in Deich-Sachen nicht statt.

Wer auf seinen Grundstücken, nach dem Verhältniß der übrigen Deichpflichtigen, nicht hinreichende
Deichlast hat, ist schuldig solche annoch jedesmahl verhältnißmäßig zu übernehmen, sobald eine neuere rich-
tigere Vermessung solches ausser allem Zweifel setzt,
weil in Deichsachen keine rechtliche Verjährung, oder
Präscription statt findet. Ja, ein solcher Deichpflichtige kann ausserdem noch, wenn eine bösliche Verheh-
lung in der neuern Zeit, oder seiner Seits, dabey
zum Vorschein kömmt, bestrafet werden. Sonst aber
steht für die verflossene Zeit von dem Deichbande keine
Nachzahlung der vormahligen Deichkosten zu verlangen, sondern es mag derselbe solches als eine natürliche Bestrafung ansehen, daß er nachläßig genug gewesen, diese Unordnung bis dahin einschleichen zu
lassen. Eben also auch in Ansehung der verschiedenen
Abwässerungs-Kosten durch Schleusen und Siehle.

§. 55.
Eigenmächtiges Torfgraben und Ziegelbrennen, wird im bedeichten Lande verboten.

Wer umdeichtes Land ohne Vorwissen, und ausdrückliche Erlaubniß des Deichbeamten, eigenmächtig
ab-

ab= und ausgräbt, solches erniedrigt, und Waſſer
dadurch ins Land ziehet, es ſey nun, daß dieſe Aus=
und Abgrabung geſchehe, um entweder Torf daraus
zu machen, oder aber Ziegel daraus zu brennen, der
ſoll —

§. 56.

Eigenmächtig neue Abwäſſerungs=Gräben zu ziehen, oder die alten
zu verändern, wird verboten.

Wer ohne Vorwiſſen, und ausdrückliche Erlaub=
niß der Deichbediente, eigenmächtig neue Abwäſſe=
rungs=Gräben in dem umdeichten Lande zieht, die ih=
ren endlichen Abfluß durch den Haupt=Abwäſſerungs=
Kanal nehmen können; oder auch wer ſonſt eigen=
mächtig irgend eine erhebliche Veränderung mit der
bisherigen Abwäſſerung, und deren Waſſerzügen, vor=
nimmt, —

§. 57.

Strafe desjenigen, der Deichpflichtiges Land verſchweigt.

Wer in denjenigen Deichgegenden, woſelbſt förm=
liche Deichbände und allgemeine Deich=Caſſen errich=
tet, dazu beyzutragendes pflichtiges Land, verſchweigt,
und nicht gehörigen Orts angiebt, —

§. 58.

Imgleichen wer den Beytrag zur allgemeinen Caſſe nicht gehörig
leiſtet.

Wer zu einer in dem Deichbande eingerichteten
allgemeinen Caſſe, den geforderten ſchuldigen Bey=
trag, es ſey an baarem Gelde, oder Materialien und
Arbeitslohn in Natura, nicht zur beſtimmten Zeit lei=
ſtet, —

§. 59.

Strafe desjenigen, der zum Nachtheil der Deich = Casse Vieh verschweigt.

Wer unter den Deichpflichtigen Vieh verschweigt, um dadurch weniger zur Deich=Casse, als er schuldig, zu entrichten, soll, für jedes Haupt so er verschwie= gen, —

§. 60.

Jeder Deich=Aufseher muß eine richtige Deich=Rolle, und ein Exemplar der Deich=Ordnung, auf jeder Schaue bey sich führen.

Wer von den Deichgeschwohrenen, oder andern Deich=Aufsehern, im Dienste nicht auf jeder Schaue eine richtige und vollkommene Deich=Rolle, oder ein sogenanntes Deich=Register, wie auch ein Exemplar der Deich=Ordnung, bey sich führet, —

§. 61.

Namens = Veränderungen in den Deich= und Siehlregistern, müssen sofort angezeiget werden.

Wer bey der Namens=Veränderung eines Deich= pflichtigen, diese, wie auch andere dergleichen Aende= rungen, nicht gleich dem Deichbeamten, oder Bedien= ten, zur Ansetzung in der Deich=Rolle angiebt, — Eben also auch in Ansehung des Siehlregisters, wo zur Abwässerung des Landes, Schleusen oder Siehle in den Deichen liegen, —

§. 62.

Anordnung der Deich= oder Numerpfähle.

Wer sein Deichpfand an der landwärs befindli= chen Deichkante, mit keinem zur besseren Erhaltung mit einer gewissen Oehlfarbe bestrichenen Numerpfahl, versehen, — und Verdoppelung dieser Strafe bey je=

der

der Schaue bis es geschehen. Die Numern müssen vorher eingebrannt, und dann mit einer andern Farbe, als der Pfahl selbst, bemahlet werden.

§. 63.
Bestrafung deren Verfälschung, Veränderung und Verderbung.

Wer aus Muthwillen einen solchen Pfahl aus- reißt, oder verrücket, und die darauf zu mahlende, oder einzubrennende Numer, verfälscht, verändert oder verdirbt, —

§. 64.
Anordnung der Schauungs-Pfähle.

Welcher Deichband nicht, um alle Gränz-Strei- tigkeiten zu vermeiden, zum Anfange und Ende jeder Schauung, oder jeden Deichbesichtigungs-District, auf den Deichen jederzeit einen besonderen Schauungs- Pfahl unterhält, —

§. 65.
Strafe für Herrnlose Deiche.

Welcher Deichband Herrnlose Deiche zuläst, muß solche gemeinschaftlich unterhalten, bis daß er den eigentlichen Deichpflichtigen dazu anzugeben vermag.

§. 66.
Sämtliche Deichbediente müssen bey Deichbesichtigungen erscheinen.

Wer von den Deichbedienten und Vorstehern, ohne erhebliche Ursache, auf den allgemeinen Schau- oder Erben-Tagen nicht erscheinet, — oder für jede Stunde, die sie zu spät kommen, —

§. 67.
Strafe derer, die sich im Trinken übernehmen.

Wer von den Deichbedienten sich durch über- flüßiges Trinken zur Wahrnehmung seines Amts un-

fähig

fähig macht, — und bey weiterer Fortsetzung, Ausstossung aus dem Deichstuhl.

§. 68.
Desgleichen der Deich-Arbeiter.

Wer von den Deicharbeitern sich im Trinken übernimmt, wird sofort weggejaget.

§. 69.
Jeder Deichpflichtige muß bey der Schaue auf seinem Deichpfande erscheinen.

Wer von den Deichpflichtigen oder Interessenten bey der Schaue nicht mit dem Deich-Spaden in der Hand auf seinem Deichpfande erscheinet, um das dabey vorfallende Urtheil, und die Anordnung über seinen Deich-Antheil, auch persönlich zu vernehmen,

§. 70.
Pfändung bey Deichstrafen.

Wer unter den Deichpflichtigen in Ansehung des Deichwesens, es sey wodurch es wolle, in Strafe verfällt, wird bey dessen Wegerung und Verzögerung sofort unmittelbar darauf gepfändet, nicht aber exequiret, es wäre denn, daß bemittelte Leute sich einer Arbeit oder Ordre entgegen setzten, und durch andere an ihrer Statt es nicht zu verrichten wäre, denen dann die Execution zugeleget, und von ihnen solchergestalt die Strafe beygetrieben werden kann.

§. 71.
Strafe der Widersetzlichkeit dagegen.

Wer sich der Execution oder Pfändung, in Deichsachen auf irgend eine Art, unter welchem Vorwande es auch sey, widersetzt, oder das hergegebene und genommene Pfand, eigenmächtig wieder zurück nimmt, —

§. 72.

§. 72.

Abandonirte Deiche, Schleusen und Siehle müssen gleichwohl sorgfältig beybehalten werden.

Wer die in dem umdeichten Lande befindlichen
alten Deiche, oder sogenannte Schläfer, Mittel-Land-
Feld- oder Binnendeiche, Seitwenden oder Flügel-
Deiche, imgleichen alle Arten von sogenannten Som-
mer-Deichen, beackert, bepflanzt, besamet, bebauet,
oder sonst auf einige Art eigenmächtig verändert, und
verwahrloset, wird nicht weniger dafür angesehen, als
wenn es an den ordinairen Haupt- oder Winter-Dei-
chen geschähe, wenn auch gleich über jene Deiche jährlich keine ordinaire Schaue, oder Besichtigung gehalten würde. Eben also auch in Ansehung der in solchen Deichen liegenden Schleusen und Siehlen.

§. 73.

Anordnung der Deich-Magazine.

Welcher Deichband nicht jedesmahl auf gewisse
Districte, eigene Gebäude zu Magazinen, von allerhand Arten der tüchtigsten Materialien und Instrumentalien, in den gefährlichsten Gegenden der Deiche
unterhält, —

§. 74.

Eigenmächtig veränderte Bekleidung der Deiche, ist nicht erlaubt.

Wer ohne vorher nachgesuchte ausdrückliche Einwilligung des Deichbeamten, mit der bisherigen Bekleidung seines Deiches, eigenmächtig eine Veränderung vornimmt, und denselben Strohmwärts z. E.
statt der bisherigen grünen Beangerung durch Rasen,
mit Stroh, oder anderen dazu gebräuchlichen Materialien, bekleidet, —

Aa 4 §. 75.

§. 75.

Unter dem Deiche muß der Grund zu beiden Seiten, unaufgebrochen beständig liegen bleiben.

Wer sein Land an beiden Seiten zunächst unter dem Deiche, in einer nach der Lage und Beschaffenheit jeder Gegend besonders zu bestimmenden Entfernung, nicht ungebauet, und unaufgebrochen, in einem beständig festen und grünen Anger liegen läßt, —

§. 76.

Verordnung wegen der Gräben zunächst den Deichen.

Wer längst einer, oder beiden Seiten des Deiches, nach Beschaffenheit der Güte des Deiches, und dessen Grundes, auf 50 bis 100 Fuß Entfernung von demselben, einen Graben gräbt; auch wer diesen Graben, zur nöthigen freyen Communication mit der Deicherde, nicht mit hinreichenden Brücken, oder Queer-Dämmen versieht; ferner, wer insbesondere diesen Graben über vier Fuß tief gräbt, oder überhaupt in dem bedeichten Lande irgendwo tiefer, als der feste, gute und thonigte Kleygrund des Landes lieget, —

§. 77.

Der Abbruch eines Strohmes darf nicht bis aufs äusserste kommen

Welcher Deichband den Abbruch eines Strohmes bis aufs äusserste kommen läßt, ohne in Zeiten auf eine oder die andere Art, Vorkehrungen dagegen zu treffen, —

§. 78.

So wenig Brücken, als Schleusen und Siehle, dürfen willkührlich eingehen, oder verändert und neu angeleget werden.

Wer ohne Vorwissen und ausdrückliche Erlaubniß der Deichbeamten, alte Schleusen und Siehle ein-

eingehen, oder erneuern läßt, imgleichen neue Schleus
sen und Siehle anlegt, oder mit den alten irgend eine
Veränderung vornimmt, — Dieß gilt auch von den
Brücken, in Ansehung der Abwässerung des umdeich=
ten Landes.

§. 79.
Verordnung wegen der Auf= und Abfarthen, oder auch Durchfarthen.

Wer eigenmächtig eine neue Auf= und Abfarth,
oder gar Durchfarth, an und in den Deichen anlegt
oder verlegt; auch erstere nicht in der Maaße, daß
sie gänzlich ausserhalb dem Körper des Deiches liegend,
denselben verstärket, keinesweges aber schwächet. Durch=
farthen aber sollen in den wichtigsten und gefährlichsten
Deichgegenden ein für allemahl gar nicht gestattet, son=
dern statt derselben blos Ueberfarthen angeleget wer=
den —

§. 80.
Einrichtung der Durchfarthen.

Wer nicht beständig zu beiden Seiten einer Durch=
farth durch den Deich, die zur Zudammung derselben
bey hohen Fluthen nöthige Erde, Soden (und zwar
zweymahl des Jahres frische) sogenannte Schottstän=
der und Schottbretter, nebst Ketten und Bolzen, völ=
lig in Bereitschaft hält, auch überhaupt die mit Mau=
er= oder Holzwerk zu beiden Seiten eingefaßte Durch=
farth selbst, nicht in vollkommenem Stande unter=
hält — Dergleichen Durchfarthen sind jedoch schlech=
terdings nur daselbst zu verstatten: 1) wo der Deich
weit von Schleusen oder Siehlen liegt; 2) wo Land=
wärts dahinter, hohes festes und thonigtes Erdreich
befindlich; 3) wo der Deich festen Vorgrund hat, und
selbst in vorzüglich gutem Stande ist; und 4) wo

Aa 5   der

der Deich, wie man ſagt, unter Winde, oder nicht
dem böſeſten Winde und Wellenſchlage ausgeſetzt liegt.
Und gleichwohl ſollen die Durchfarthen nie über die
Hälfte der Höhe des Deiches durch denſelben gehen.

§. 81.

**Desgleichen der Fenſter und Oefnungen derjenigen Gebäude, welche
zunächſt an und hinter einem Deiche ſtehen.**

Wer die Fenſter und Oefnungen derjenigen Gebäude, welche unmittelbar an und hinter einem Deiche ſtehen, nicht zur Verſchlieſſung derſelben bey hohen Fluthen, mit Fenſterladen, Klappen oder Thüren tüchtig verſieht, in ſoferne dieſe Oefnungen von
unten auf gerechnet, ſechs Fuß über die Höhe der
Deiche befindlich, —

§. 82.

**Wie es in Abſicht der Deichlaſt, mit verarmten gutsherrlichen
Deichpflichtigen, wie auch überhaupt mit Häuslingen zu halten.**

Wer von den Gutsherren (worunter auch Aemter und Klöſter, oder ein jeder welcher deren Gefälle
genieſſet, zu verſtehen) nicht ſofort völlig in die Stelle
eines auf dem Deichpflichtigen Hofe etwa verarmten,
oder ſonſt unvermögend gewordenen Meyers, zur Ue-
bernahme der allgemeinen oder beſondern Deichlaſt,
eintritt, — Ein gleiches verſteht ſich auch zwiſchen
den Eigenthümern und Häuslingen, in Anſehung der
gewöhnlichen ſchaufreyen Unterhaltung der Deiche,
als welche von letzteren ohnehin nur zu erwarten. Im
erſteren Falle mag auch ſo viel Land von dem Hofe verkaufet werden, als nöthig iſt, die darauf haftende
Deiche zu unterhalten.

§. 83.

§. 83.

Desgleichen in Ansehung übriger unvermögend gewordener Deichpflichtigen.

Wer von den Deichpflichtigen die Deichlast ferner nicht zu tragen vermag, dessen Hof oder Stelle
wird verkauft, und darüber Herrschaftswegen die best-
möglichste Einrichtung weiter getroffen.

§. 84.

Strafe eigenmächtiger Veränderung des bisherigen Deichmaasses.

Wer bey den Deichen das alte eingeführte Deich-
maaß, ohne öffentliche obrigkeitliche, oder allgemeine
Einwilligung verändert, —

§. 85.

Verordnung zur richtigen Bezahlung der Deich- und übrigen
Arbeiter.

Wer von den Deichbedienten die Arbeitsleute
nicht gehörig und richtig bezahlt, wird nach den Umständen dafür mit dem Verluste seines Dienstes, oder
noch härter, bestrafet. Zu dem Ende muß im De-
cember-Monathe jedes Jahres, wenn alle Deich-Arbeit gänzlich geschlossen, ein Tag von den Kanzeln bekannt gemacht werden, an welchem alle Deich-Arbeiter
die etwas zu fordern, oder sonst dahin einschlagende
Beschwerden anzubringen haben, sich bey dem ersten
Deichbeamten melden können. Wer alsdann nicht
erscheinet, dessen Klage wird damit für ungegründet
erkläret, und findet in der Folge weiter nicht statt.
Der Termin muß aber nicht gleich auf der Publica-
tion, sondern etwa 14 Tage nachher seyn.

§. 86.

Strafe derjenigen Arbeiter, welche die Arbeit verlaufen.

Wer von den Deicharbeitern, ohne gehörig an-
gegebener und untersuchter Ursache zur Beschwerde,

die

die Arbeit verläuft, ist nicht allein desjenigen, so er
etwa an Arbeitslohn noch zu gute hat, verlustig, sondern kann auch überdem noch zur Strafe gesetzt, und
durch nöthige Zwangsmittel wieder herbey geholet
werden.

§. 87.
Strafe der Meuterey unter denselben.

Wer bey einer grossen und wichtigen Deich-
Schleusen- oder Siehl-Arbeit, die Deich-Arbeiter
auf eine oder die andere Art zur Meuterey, zum Un-
fuge, Aufruhr, oder sogenannten Lavay verleitet,
wird nach den Umständen an Leib und Leben, oder
Gut und Ehre bestrafet.

§. 88.
Wenn deren Urheber nicht heraus gebracht werden kann, müssen für die Folgen gesammte Arbeiter einstehen.

Wer unter einer Menge von Deich-Arbeitern, in
einem besonders zu bestrafenden Tumulte, oder sogenannten Lavay, den Marquetendern, oder sonst jemanden, Schaden zufüget, gleichwohl nicht namhaft
gemacht werden kann, veranlasset dadurch, daß die
gesammten Arbeiter, weil sie dem Tumulte nicht ge-
wehret, oder wenigstens die Anstifter gleich anfangs
nicht gemeldet, mit Erstattung des gerichtlich erwie-
senen Schadens einstehen müssen.

§. 89.
Einrichtung der Arbeit beym Schleusen- oder Siehl-Bau.

Welcher Deichband die an Schleusen und Siehlen, u. d. g. nöthige Arbeit, nicht gleich der Deich-
Arbeit, in der sichersten und bequemsten Jahres-Zeit,
zwischen Pflug- und Erndte-Zeit vornimmt, es sey
denn die Beschädigung von der Art, daß eine unge-

säumte

säumte Herstellung derselben ganz unumgänglich wird.
Vor Anfang des May-Monaths darf der Schleusen-
oder Siehl-Deich nicht abgebracht oder aufgegraben,
noch auch bevor das umdeichte Land hinreichend trocken,
ein Siehl, oder eine Schleuse (wenn es nicht nothwendig vorher geschehen müssen) zugedammet, demnächst aber auch dergleichen Arbeit keinesweges so lange
verzögert werden, daß sie zur Last der Interessenten,
bis in die Erndte, noch zur Gefahr des Landes, bis
in den Herbst daure. Wenn jedoch eine neue Arbeit, als
Behuf steinerner Schleusen oder Siehle, nicht so früh-
zeitig fertig werden kann, so darf wenigstens die Haupt-
Arbeit daran, nicht länger als Michaelis währen, und
muß überdem der um die Baustelle nöthige sogenannte
Kuhr- oder Kaje-Deich, gleich anfangs so angeordnet
werden, daß er vor der Mitte des Septembers, dem
Haupt-Deiche gleich gemacht werden könne.

§. 90.
Wie in währender Zeit die Abwässerung des Landes einzurichten.

Welcher Schleusenband (d. i. diejenige Commune,
welche zur gemeinschaftlichen Abwässerung eine Schleuse, oder ein Siehl unterhält) eine Schleuse neu bau-
en, und also dazu die alte vorher abdammen lassen
muß, kann von den benachbarten Schleusenbänden
als eine natürliche Schuldigkeit verlangen, daß dieselben, in währender Zeit, ihre Abwässerung mit
übernehmen. Jedoch muß es auf eine denselben unschädliche Weise geschehen. Das abgedammte Wasser
muß daher nicht allein, nach so vielen Schleusenbänden als thunlich, vertheilet, sondern auch mit nöthiger
Einschränkung zugeführet werden; und zwar so, daß
entweder das Wasser der übrigen Schleusenbände bereits
vorher abgelaufen, oder daß der Zufluß nur eine beengte

Oef-

Oefnung habe. Ferner müssen die Ableitungen an den
unschädlichsten Oertern, keinesweges aber nach der nie:
drigsten Gegend, gemacht werden. Wie denn auch
alle etwanige Kosten dieserwegen von dem abgedammten
Schleusenbande allein gestanden werden müssen.

§. 91.

Anordnung zur Verhütung, daß das umdeichte niedrige Land, von
dem höheren, nicht unter Wasser gesetzet werde.

Welcher Deichband nicht auf den Scheidungen
der Siehlachten, oder zwischen hohem und niedrigem
Lande, oder auch gegen das Geest: und Mohr:Wasser,
sogenannte Heide: und Mohr:Deiche; Achter:Deiche,
Flügel:Deiche, Armschläge, Seitwenden, Land: oder
Feld:Deiche; Kaje: oder Kuhr:Deiche; oder auch
sogenannte Landufer, Schüttungen oder Wasserschei:
dungen unterhält, damit die niedrigen Gegenden des
umdeichten, oder Binnenlandes, von den höheren
nicht unter Wasser gesetzet werden mögen; sondern
der Ablauf von diesen Gegenden dadurch so lange zurück
gehalten werde, bis jene von dem überflüßigen Wasser
bereits befreyet worden. Ueber alle dergleichen Dei:
che und Dämme, sie mögen nun Namen haben wie
sie wollen, müssen, zu deren sorgsahmer Unterhaltung,
gleichfalls jährliche Schauungen, oder Besichtigungen,
gehalten und getroffen werden, gleich als über Haupt:
See: oder Winter:Deiche.

Erstgedachte Deiche werden da, wo es nöthig,
von der Obrigkeit angeordnet, und darf sich von den:
jenigen, welche Nutzen davon haben, so wenig jemand
der Concurrenz entziehen, als diejenigen, die ausser
der Commune sind, der Anlage derselben widersprechen
können; weil ein jeder sich zur Nothdurft, so gut er
kann,

kann, gegen das Waſſer fremder Communen bedeichen
mag. Auch das höhere Land in einer und derſelben
Communion, kann ſolches dem niedrigen nicht wehren, weil dieſes, da es nachbargleich zu den Schleuſen
und Siehlen giebt, ſich auch in nachbargleichen Stand
mit jenem zu ſetzen, und daß der Waſſerſtand gleichmäßig vertheilet werde, zu verlangen befugt iſt. Und
endlich mag derjenige, auf deſſen Land die Scheidung
gelegt werden muß, ſolches auch nicht wehren; ſondern muß die Servitut, zur gemeinen Nothdurft, jedoch gegen billige Vergütung, übernehmen. Auch
wenn der Schade nicht unerſetzlich, hingegen es nicht
thunlich wäre, daß jeder von ſeinem eigenen Lande,
die nöthige Deicherde anführe, muß ſolche gegen Ent-
gelt, ſo unſchädlich als möglich, hergegeben werden.
Die in mehrgedachten Deichen und Scheidungen nöthige Siehle, Pumpen oder Höhlen, müſſen einwärts
mit den nöthigen Schützeln verſehen ſeyn. Wenn bey
hohem Binnenwaſſer eine Oefnung derſelben, oder
gar Durchſtechung dieſer Deiche, ohne obrigkeitliche
Einwilligung und Anordnung geſchiehet, und der Thä-
ter nicht ausfündig zu machen ſteht, ſo muß, weil
kein anderes Mittel gegen dergleichen Frevel iſt, die
nächſte oberhalb des Ufers belegene Dorfſchaft dafür haften.

§. 92.
Wie die Zuwäſſerung des umdeichten Landes einzurichten.

Wer die in den Deichen liegende Schleuſen oder
Siehle, zur Zuwäſſerung des umdeichten Landes eigenmächtig, und ohne Vorwiſſen und ausdrückliche
Erlaubniß des erſten Deichbeamten, öfnet, oder auf-
ſperret, es ſey nun ganz, oder auch nur zum Theil;
auſſer Erſetzung des Schadens, in ſo ferne er dazu
ver-

vermögend, — Diese Zuwässerung hoher und trockner Ländereyen, darf nur zwischen Pfingsten und Michaelis, bey guter stiller Witterung, wenn keine
Springsfluthen (ausser in so hohen Gegenden, welche
nicht anders als mit Springsfluthen, Wasser bekommen
würden) mit aller Vorsicht geschehen. Ausser solcher
Zeit aber muß ein jeder das Binnenwasser, wenn es
zum Besten des Landes nothwendig erfordert wird,
schütten, oder in den Zuggräben durch kleine Dämme zurück halten, oder abdammen. Bey Oefnung
und Schliessung des Siehls, muß jedesmahl ein
Deich- oder Siehlgeschwohrner gegenwärtig seyn. Wenn
das Siehl aber in schwachen Umständen, oder sonst
von bedenklicher Lage und Beschaffenheit wäre, muß
ein solcher Geschwohrner, während der ganzen Zeit
der Oefnung, gegenwärtig seyn. Dieser hat zugleich
darauf zu sehen, daß die Aufsperrung oder Aufhackung
der Thüren und Klappen, nicht zu lange oder kurz
auf einander geschehe, damit nicht das vor der Schleuse belegene Land, bevor sich das eingelassene Wasser
überall verbreiten kann, unter Wasser gesetzet werde.
Wenn die Eröfnung einer Schleuse erlaubet und bewilliget worden, muß solches dem ganzen Deich- oder
Schleusenbande, vor der Eröfnung, kund gemacht
werden, damit ein jeder sich darnach richten könne.
Ein jeder muß auch seine sogenannte Schüttel-Däm-
me in gutem Stande haben, dieselben bey Oefnung
der Schleuse aufmachen, und nach erhaltenem frischem
Wasser, sofort wieder verschliessen, damit nicht Schleusen und Siehle unnöthigerweise aufgehalten werden
dürfen.

§. 93.

§. 93.

Ohne Erlaubniß darf durch Schleusen und Siehle nicht gefahren werden.

Wer ohne ausdrückliche Erlaubniß eines Deich-bedienten durch ein Siehl, oder eine Schleuse fährt; wenn selbige nämlich nicht zur gewöhnlichen Durch-farth, und zum Durchzapfen während der Fluth be-sonders eingerichtet sind, —

§. 94.

Schleusen und Siehl-Graben müssen jederzeit ganz unbehindert offen erhalten werden.

Wer Holz oder Fahrzeuge, Fischkörbe, Netze, u. d. g. in die Schleusen und Siehl-Graben, es sey land- oder Strohmwärts, leget, und dadurch die nöthige Abwässerung des eingedeichten landes, auf eine oder die andere Art behindert, —

§. 95.

Strafe derjenigen, welche den Grund der Schaar-Deiche aufrühren und beschädigen; auch durch Stangen in den Deich, Fischer-netze auf und an demselben trocknen.

Wer an sogenannten Schaar-Deichen, oder denjenigen Deichen überhaupt, an welchen der Strohm unmittelbar herfliesset, den Grund durch allerhand Arten von Fischfang, wie auch durchs Werfen der Schiff-Anker berühret und aufrühret; oder dadurch, wie auch durch die Schiffer-Haken und Stangen, die Grund- und Buschbetten berühret und verdirbt — Eben also auch in Ansehung aller übrigen Wasserwerke. Wie denn nicht weniger bey Vermeidung eben der Strafe, den Fischern verboten wird, ihre Netze auf und an den Deichen zu trocknen, und zu dem Ende Stangen oder Pfähle in den Deich zu setzen und ein-zuschlagen.

Bb

§. 96.

§. 96.

Anordnung der Deichpfänder, Schütter und Schüttställe.

Welcher Deichband nicht jederzeit eigene Pfänder, oder Schütter, sowohl für die Deiche, als deren Vorländer, Anpflanzungen, und Buschwerke unterhält, nebst eigenen Schütt-Ställen, hin und wieder ohnweit den Deichen, —

§. 97.

Die Deiche dürfen überhaupt mit keinem Viehe betrieben, wohl aber gemähet werden.

Wer überhaupt Deiche mit Vieh betreibt, es sey zu welcher Zeit es wolle, der soll für jedes Stück — dem Denuncianten halb so viel; und dem Eigenthümer des Deiches, Erstattung des verursachten Schadens. Will aber die Pfändung, insbesondere der Schweine, nicht helfen, oder es will sich der Eigenthümer zu den auf den Deichen gepfändeten nicht melden, so wird das Vieh verkauft, und das Geld der Deich-Casse berechnet. Ob die an den Deichen betroffene Schweine geringelt sind, oder nicht, macht aus guten Gründen hiebey keine Ausnahme. Jeder Interessent ist zu Erreichung des allgemeinen Bestens, überhaupt schuldig hierauf zu halten, kann er dabey einer Nachsicht überführet werden, so muß er für jeden Contraventions-Fall, eine gewisse Strafe zur Deich-Casse geben. Steht das Gras so hoch am Deiche, daß solches gemähet werden kann, so muß solches sofort geschehen.

§. 98.

Auch an Reis- und Buschwerken, und mit Busch bepflanzten Vorländern und Werdern, darf kein Vieh getrieben werden.

Wer Reis- und Buschwerke, oder die mit Busch bepflanzte Vorländer und Werder, mit Vieh betreibt
und

und abhütet, für jedes Stück, es sey groß oder
klein — dem Denuncianten halb so viel; und dem
Eigenthümer, Erstattung des verursachten Schadens.

§. 99.
Strafe derjenigen, die daselbst Busch ausroden.

Wer eben daselbst eigenmächtig Busch ausrodet,
um aus dem Lande, wenigstens nach und nach, Wie=
sen= oder gar Acker=Land, zu machen — weil dadurch
ein gedoppelter Nachtheil entsteht, nämlich der Ver=
lust des einer an Flüssen und Ströhmen belegenen Ge=
gend nöthigen Materials, und die Gefahr eine tüchti=
ge Vormauer vor den Deichen, dem nachherigen An=
dringen des Strohmes Preis zu geben.

§. 100.
Die Deiche müssen jährlich zweymahl gekräutet werden.

Wer seinen Deich nicht jährlich wenigstens zwey=
mahl, das einemahl vor Johannis, das anderemahl
gleich nach der Erndte, zu beiden Seiten krautet —

§. 101.
Wie auch geklopfet.

Wer seinen Deich bey feuchter Witterung des
Jahres nicht zweymahl zu beiden Seiten klopfet, oder
bötelt, — Damit dieß aber füglich in Acht genom=
men werden könne, müssen die Deichbediente, sämt=
lichen Deichpflichtigen ihres Districts, auf einen und
denselben Tag dazu ansagen lassen.

§. 102.
Anordnung wegen der Maulwurfs=Haufen, und der übrigen Thiere, Gänge und Löcher in den Deichen.

Wer Maulwurfs=Haufen an seinem Deich nicht
ebenet und anklopft; und deren Gänge und Löcher,

Bb 2 wie

wie auch der Ratten und Mäuse, oder gar der Bieber,
Füchse, Dächse und Kaninchen in Deichen, wie auch
letztere in den Vorländern, duldet, —

§. 103.

Belohnung derjenigen, welche dergleichen Thiere aus den Deichen
fangen.

Wer Maulwürfe, Bieber, Füchse, Dächse,
Kaninchen u. d. g. aus den Deichen, und deren Vorländern fängt, bekömmt jedesmahl aus der Deich-Casse,
für jedes Stück etwas Gewisses.

§. 104.

Hunde, nicht ohne Knüppel am Deiche.

Wer wenigstens nicht ohne schwere Knüppel,
Hunde an die Deiche laufen läßt, —

§. 105.

Feel, Deek oder Driftfel, muß jedesmahl sofort von flachen Deichen weggeschaffet werden.

Wer den durch hohe Fluthen an flache Deiche
treibenden Unrath, oder sogenannten Feel, Deek oder
Driftfel, nicht sofort jedesmahl wieder wegschaffet,
sondern den Deich dadurch hohl, locker und mürbe
werden läßt, —

§. 106.

Strafe desjenigen, der Unrath an Deiche wirft.

Wer Unrath an die Deiche wirft, und dadurch
die nöthige dichte und feste Bekleidung derselben
verdirbt, —

§. 107.

Desgleichen noch andere fremde Theile daran aufbewahret.

Wer Steine, Holz und Busch, Stroh und
Mist, oder auch Schilf, und andere fremde Theile,

iii

in der Maaſſe an einen Deich bringt, daß derſelbe
dadurch mürbe und locker wird, und die demſelben
nöthige dichte und feſte Bekleidung verdirbt —

§. 108.

Buſch und Bäume, Hecken und Zäune, ſollen nicht an und auf
den Deichen geduldet werden.

Wer nach der allgemeinen Vorſchrift, Buſch
und Bäume, Hecken und Zäune, nicht ein- für allemahl, gänzlich aus und von den Deichen ſchaffet,
und wohl gar aufs neue wieder hinſetzt, oder die alten
Wurzeln der weggeräumten Bäume in dem Deiche
ſtehen läßt, der ſoll für jeden Buſch oder Baum, oder
für jede Ruthe Hecke oder Zaun, — Buſch und
Bäume aber auſſerhalb den Deichen, zumahl Strohmwärts, zu ſetzen, iſt nicht allein einem jeden erlaubt,
ſondern wird auch gerne geſehen, in ſo ferne deren
Wurzeln nicht den Grund der Deiche berühren. Von
Hecken und Zäunen verſteht ſich dieß ohnehin von ſelbſt.

§. 109.

Strafe desjenigen, der eigenmächtig Befriedigungen, Schlagbäume
oder Stegel, an und auf den Deichen macht.

Wer eigenmächtig Befriedigungen, Schlagbäume oder Stegel, an, oder gar auf den Deich, macht,
wodurch die nöthige Communication zur Zeit der Noth
gehemmet, auch der Wellenſchlag hoher Fluthen den
Deichen ſchädlicher wird, —

§. 110.

Auf den Deichen ſoll ohne Einſchränkung nicht gefahren werden;
an deſſen Seiten, Bermen und Füſſen aber gar nicht.

Wer der Ordnung zuwider auf den Deichen,
oder auch ſogar auf und an deſſen beiderſeitigen Doſ-
ſirungen, Abdachungen oder Böſchungen, Bermen

Bb 3   und

und Füßen fährt, — Wenn jedoch die Kappe der
Deiche breit genug, der Deich aus tüchtigem Thone,
oder Kleyerde, besteht, und die Jahres-Zeit trocken,
so ist das Befahren der Deiche auf der Kappe derselben, mehr vortheilhaft als schädlich, wozu gleichwohl
aber besondere Erlaubniß gehöret.

§. 111.
Anordnung wegen der Wagengleisen.

Wer die Wagengleisen auf den Deichen blos mit
der Schaufel zusticht, und sie nicht mit Erde,
Grand oder Sand, tüchtig ausfüllet, —

§. 112.
Desgleichen wegen Besandung der Deich-Kappen.

Wer oben die Kappe oder Krone seines Deiches
nicht jährlich einen Fuß hoch mit Grand, oder in Ermangelung dessen, mit Sand befährt, wo nämlich
Landstraßen, oder Fahrwege über dieselbe gehen müssen; wo aber keine Wege über dieselben gehen, können sie allenthalben grün beangert liegen bleiben, oder
mit der besten Kleyerde befahren werden. Sonst muß
die Besandung von allen Deichpflichtigen zugleich,
und bey nicht gar zu nasser Witterung geschehen. Ist
in der Gegend sonst kein Sand zu haben, so muß er
auf eigene vorher dazu angewiesene Plätze, aus dem
Flusse genommen werden, wozu schädliche Untiefen
oder Platen zu nehmen, um dadurch doppelten Vortheil zu erreichen.

§. 113.
Desgleichen wegen Verhöhung derselben.

Wer Deiche verhöhet, ohne den nach vorherge-
hendem §. darauf befindlichen Grand, oder Sand,
vorher zur Seite wegzuräumen, —

§. 114.

§. 114.

Strafe unterlaffener Verhöhung, Verftärkung und Befödung.

Wer in beftimmter Zeit zur Verhöhung und Verftärkung der Deiche nicht die angeordnete Erde an den
Deich gebracht, bezahlt für jedes fehlende Fuder, oder für
jede fehlende Wüppe und Karre — Imgleichen für jede
fehlende Soden-Reihe, welche zur Befödung anbefohlen
worden, — worauf dann die nachftändig gebliebene Arbeit fofort für Geld beforget, und nebft der Strafe, nöthigenfalls durch Pfändung, oder auch Execution, von
dem Deichpflichtigen fofort beygetrieben wird.

§. 115.

Desgleichen unterlaffener Lieferung an Bufch und Pfählen.

Wer zu den Reis- oder Bufchwerken die nöthigen Materialien, zur gefetzten Zeit, und in der aus-
gefchriebenen Qualität und Quantität, an den beftimmten
Ort nicht liefert, für jedes fehlende Schock Bufch —
für jedes Schock Pfähle — für jedes Fuder Erde —
und dennoch entweder fofort auf eine neue Ankündigung
die Lieferung ungefäumt zu bewerkftelligen, oder zu
gewärtigen, daß es auf Koften des Intereffenten
gefchehe.

§. 116.

Desgleichen unterlaffener Anpflanzungen aufferhalb den Deichen.

Wer zur Unterhaltung der Ufer, fo wenig Strohmwärts aufferhalb den Deichen, die angeordnete Anzahl Weiden, noch landwärts hinter den Deichen,
etwa jede andere dazu brauchbare Art von Bufch
und Bäumen, nicht gepflänzet, für jedes fehlende
Stück — In fernerem Unterbleibungs-Falle, bey
nächfter Schaue doppelt; da denn die Anpflanzung auf
des Widerfetzlichen Koften gefchieht, welche, nebft der

Bb 4   Stra-

Strafe, gleich nöthigenfalls durch Pfändung beyzu-
treiben ist.

§. 117.
Desgleichen auch Vorländern, Werdern und Sandfeldern.

Welcher Deichband Vorländer, sogenannte Werder und Sandfelder, zu Erziehlung des an den Flüssen
nöthigen Busch-Holzes, in so ferne sie dazu tüchtig,
und der ganzen Strohmbahn und deren Nachbahren
Obrigkeitswegen vorher unschädlich erachtet worden,
unbenutzt und unbepflanzt liegen läßt, —

§. 118.
Strafe desjenigen, der solche Zupflanzungen eigenmächtig vornimmt.

Wer dergleichen Bepflanzungen aber eigenmächtig und ohne vorherige Anzeige bey den Deichbedienten, vornimmt, —

§. 119.
Flache Ufer müssen beständig mit grünem Weidenbusch bepflanzet, und unterhalten werden.

Wer seine Ufer nicht beständig mit grünem Weidenbusch bepflanzet, und sorgfältig unterhält, wenn
nämlich der Fluß in dazu hinreichend schrägen und geringen Tiefen daran herfliesset, —

§. 120.
Strafe derjenigen, die dergleichen Zupflanzungen überhaupt zur Unzeit hauen oder schneiden.

Wer unter den Interessenten von den zu Unterhaltung der Ufer, und deren Wasserwerke, nöthigen
Anpflanzungen, zur Unzeit hauet oder schneidet, —

§. 121.

§. 121.
Strafe unterlassener Deich-Bekleidungen.

Wer seinen Deich nicht tüchtig besödet, oder nach den Umständen, und der Einrichtung jeder Deich-Gegend, nicht mit Stroh oder Schilf, Fläcken oder Busch, Steinen oder Holz, gehörig bekleidet hat, für jede Ruthe — und die Arbeit wird überdem sofort auf Kosten des Deichpflichtigen gemacht.

§. 122.
Wie Rasen oder Soden beschaffen seyn müssen.

Wer grüne Rasen, oder Soden, zur Deich-Arbeit nicht scharfwinklicht, und von gleicher Grösse, sticht und setzt, auch kleiner macht als nöthig ist, um füglich verarbeitet werden zu können, —

§. 123.
Wie sie an den Deichen zu versetzen.

Wer die zu Bekleidung der Deiche nöthige Rasen oder Soden, an den Deichen nicht im Mauerverbande versetzt, —

§. 124.
Wozu sie bey der Deich-Arbeit überhaupt nur zu gebrauchen.

Wer grüne Rasen oder Sooden, zur Auffüh-rung, Ausfüllung und Verstärkung der Deiche ge-braucht, da doch solches hinreichend und am füglich-sten mit der sogenannten Spitt-Füll- oder unbeangerten Erde geschehen kann; auch sonst die so nöthige feste grüne beangerte Erde, unnöthiger- und überflüßiger-weise verschwendet und verdirbt, —

§. 125.
Von Verstärkung und Herstellung alter Deiche.

Wer zu Herstellung und Verstärkung alter Dei-che, sowohl vorbeschriebene Spitt- als Sood-Erde an

Bb 5   den

den Deich bringt, ohne die alte Erde vorher gesäubert, und zu tüchtiger Verbindung mit der neuen, umsto= chen, oder umgraben zu haben, —

Bey Verstärkung der Sand=Deiche bedarf es jedoch der vorherigen Abstechung der alten grünen Be= angerung nicht, weil die neue nicht leicht so dicht, und fest wieder zu erhalten steht, und also die Beybehal= tung der alten vielmehr eine vermehrte Festigkeit und Sicherheit verschaffet.

§. 126.
Von Anlegung neuer Deiche überhaupt.

Wer einen neuen Deich anlegt, ohne den Grund, worauf derselbe liegen soll, vorher umzugraben oder umzupflügen, — Imgleichen wer den neuen Deich nicht aus dünnen Erdlagen mit Schieb=Karren, oder bespanneten Wüppen und Wagen, auffährt, und zwar so, daß jede dieser Lagen nicht von der Strohmseite nach der Landseite schräge hinauf gehend, — sondern ordnungswidrig wagerecht in dem Deiche zu liegen kommen. Da auch der untere Theil eines Deiches jederzeit die mehrste Feuchtigkeit behält, der obere aber schon in der Arbeit am mehrsten austrocknen kann, folglich der mittlere in der Folge am mehrsten verlieh= ret; so würde ein neuer Deich hiernächst beym Schwin= den eine hohle Doßirung bekommen, wenn derselbe gleich anfänglich nach einer steifen Linie angelegt wird. Um dieß nun zu verhüten, muß die Doßirung in der Mitte etwas krumm, oder bauchig übers Profil ge= macht werden.

§. 127.

§. 127.

Und auf einen sandigen oder moorigten Boden insbesondere.

Wer einen neuen Deich nothwendig auf einen sandigen, oder auch moorigten Boden anlegen muß, und zu Verhütung des Quell Wassers, nicht vorher durch den Moor- oder Sand-Boden, der Länge der Deichlinie nach, einen Graben acht Fuß breit, bis auf die Kleyerde ausgräbt, und sodann mit guter Kleyerde wieder ausfüllet und feste stampfet, —

§. 128.

Von sogenanntem Keilspadt.

Wer bey Verstärkung der Deiche, so weit die Deichanlage hinaus tritt, am Fuße des Deiches kein sogenanntes Keilspadt, oder Schaufeltiefe, in der Länge hersticht, damit dadurch die Ausweisung der frischen Erde verhütet werde, —

§. 129.

Deiche dürfen nicht ohne Noth Landwärts verstärket werden, noch weniger zu beiden Seiten zugleich.

Wer ohne eine besondere vorher zu erweisende Nothwendigkeit, die angeordneten Verstärkungen alter Deiche, statt Strohmwärts, Landwärts, oder wohl gar zu beiden Seiten des Deiches, vornimmt, —

§. 130.

Strafe desjenigen, der lockere Erdlagen in den Deich bringt.

Wer Erde ohne zu stampfen und fest einzuschlagen, in dicken und loosen Lagen an oder in die Deiche bringt —

§. 131.

§. 131.

Deich darf nicht mit Deich gemacht werden.

Wer Deich mit Deich macht, d. i. mit der vorhin bereits zum Deiche gebrauchten, nachher aber abgängig gewordenen, abgetretenen, aus- und hinweg-
geschlagenen lockeren und mürben Erde, als welche
jedesmahl zur Verhöhung und Verstärkung des Deichfusses liegen bleiben muß, —

§. 132.

Was für Deicherde zu nehmen.

Wer ohne die äusserste Noth, gepflügte, oder
sonst lockere und mürbe Erde, statt einer guten, schwe-
ren und zähen Kleyerde, zur Deich-Arbeit nimmt;
oder auch eingedeichte Erde, statt einer festen guten
und hinreichend ausserhalb Deiches liegenden Erde, —
Der daher rührende Nachtheil ist sonst dreyfach, denn
1) ist fast jederzeit die ausserhalb Deichs liegende Erde ungleich besser zur Deicherde, als die innerhalb
Deichs liegende; 2) wird hinter dem Deiche Erde gegraben, so kann nur höchstens ein Schlamm- oder
Schlickreicher und dabey Ebbe und Fluth haltender
Fluß, sie mit Verlust vieler Zeit, Kosten und Mühe,
wieder ersetzen; und 3) wird die Lage des eingedeichten Landes durch die Abgrabung, in Ansehung der zu
befürchtenden Ueberschwemmungen, wie auch des durch-
ziehenden Quellwassers, immer bedenklicher, der Fall
des Binnenwässers in den Fluß wird verringert, und
mithin leidet auch dadurch zugleich, die nöthige und
wichtige Abwässerung überhaupt.

§. 133.

§. 133.

Wie niedriges, und zur Deicherde ausgestochenes Binnenland wieder zu verhöhen.

Wer aus gänzlichem Mangel der nöthigen Deicherde Strohmwärts vor den Deichen, schlechterdings
genöthiget worden ist, solche Erde landwärts hinter
den Deichen zu nehmen, kann und muß an einem
Schlamm- oder Schlickreichen Flusse, die dazu
ausgegrabenen Pütten oder Deichgruben, dadurch
wieder zuschlicken oder anfüllen, wenn eine Art kleiner
Siehle, oder sogenannte Pumpen oder Höhlen, in
den Deich gehörig gelegt werden, daß durch selbige
die Fluth ein- und nach dergleichen Gruben oder Pütten hingeleitet wird: alsdann läßt die Fluth den bey
sich führenden Schlick fallen, das von den Erdtheilen
abgesonderte Wasser aber, geht nachher zur Zeit der
Ebbe, entweder durch eben denselben Weg, oder durch
die gewöhnlichen Wasserzüge, wieder nach dem Flusse
zurück. Eben so nützliche Vorkehrungen können auch
zur Aufschlickung und Verhöhung des Binnenlandes
gemacht werden, nur ist dergleichen überhaupt nie-
mahlen, in gefährlichen Schaar- oder Wasser-Deichen
zu dulden. Auch muß derjenige, welcher ein dergleichen Siehl in den Deich legen will, nicht allein vorher die vollkommene obrigkeitliche Einwilligung dazu
gehörig nachsuchen, sondern auch beständig dahin sehen, daß das auf sein Land einzuleitende gewöhnliche
Fluthwasser, dergestalt bedeicht sey und bleibe, daß
es andern, die es nicht verlangen, noch nöthig haben,
im mindesten keinen Schaden zufüge.

§. 134.

§. 134.

Niemand darf einem andern die Deicherde abgraben, oder aus-
spitten.

Wer von der jedem zum Deichen ausgesetzten Erde,
es sey vor oder auch hinter dem Deiche, einem andern
die Erde, ohne die äusserste Noth abgräbt, oder aus-
spittet, soll, ausser der Ersetzung des dadurch zugefüg-
ten Schadens, —

§. 135.

Noch verderben, und bereits gestochene Rasen, entwenden.

Welcher Deichpflichtige dem andern überhaupt
seine Deicherde verdirbt, oder entwendet; insbesondere aber die zur Deich-Arbeit zum voraus gestochene
Rasen, oder sogenannte Sooderde —

§. 136.

Zur Deich-Arbeit nöthige Pferde, sollen auf der Deicherde nicht
frey herum gehen und grasen.

Wer die zur Deich-Arbeit nöthigen Pferde, auf
der Deicherde frey herum gehen und grasen läßt,
und selbige nicht vielmehr von dem für dieselben etwa
von der Deicherde zu mäheuden Grase füttert, soll für
jedes Stück —

§. 137.

Wie die Deich-Erde zu nehmen.

Wer die zum Deichen besonders ausgesetzte Erde,
nicht, so lange es thunlich, in der weitesten Entfernung vom Deiche nimmt, oder sich, wie man sagt,
abgräbt, ohne nachher weiter zu der übrigen Deich-
Erde füglich gelangen zu können, —

§. 138.

Deich-Erde darf nicht blos nach eigenem Gutfinden gewählet werden.

Wer nach Abgrabung der alten, besonders aus-
gesetzt gewesenen Deich-Erde, sich blos nach eigenem
Gut-

Gutfinden, ohne weitere Anweisung und Bewilligung der Deichbediente, aufs neue Deich-Erde wählt, und aussetzt, —

§. 139.
Wie Grund- und Buschbetten zu verfertigen.

Wer die Grund- und Buschbetten vor den Gefahr-Deichen nicht schräge, sondern senkrecht aufführt; sie unter dem Wasser nicht mit einer sogenannten Schwipp- oder Abschußlage, über dem Wasser aber nicht mit einer Stoppellage gehörig versieht; auch oben sie nicht mit Erde hinreichend bedeckt, und sie daselbst statt eines sogenannten Kanntzauns, blos mit Faschinen oder Würsten befestigt, —

§. 140.
Besonders in Ansehung der obersten Buschlage.

Wer die oberste Buschlage seiner Grund- oder Buschbetten, zur Einfassung der Ufer, oder des Deichfusses, nicht aus grünem Weidenbusch verfertigt, in so ferne derselbe in der Gegend nur irgend zu haben, —

§. 141.
Wie die Kappe oder Krone der Deiche anzulegen.

Wer die Kappe oder Krone seines Deiches, nach der Landseite zu, nicht jederzeit um einen Fuß höher macht und unterhält, als nach der Strohmseite, damit das Wasser, welches durch Regen- oder Wellenschlag auf den Deich kömmt, wieder abfliessen, und der Deich um so geschwinder austrocknen könne —

§. 142.
Bracke, oder Kölke, hinter dem Deiche, sollen noch besonders umdeichet werden.

Welcher Deichband Bracke, oder Kölke, die gemeiniglich Wasser ziehen, in dem bedeichten Lande, zum

zum größten Nachtheil deſſelben, liegen hat, muß ſolche auf allgemeine Koſten beſonders umdeichen, und
dieſe Umdeichung jederzeit ſorgfältig unterhalten —

§. 143.

Deiche, hinter welchen der Grund beſonders niedrig oder ſumpfig
und quellgründig iſt, ſollen mit einer tüchtigen Berme, oder
mit einem Fuß-Deich, verſehen werden.

Wer einen Deich hat, hinter welchem landwärts
der Grund beſonders niedrig, oder gar auſſerdem auch
ſumpfig und quellgründig iſt, muß demſelben, zumahl
wenn er dabey hart am Fluſſe lieget, zur Strebung
und Widerlage, ſowohl gegen das Ueberdrücken als
Durchdringen des Waſſers, eine Berme, oder einen
erhöheten Fuß von Erde, in einer Breite von wenigſtens 12 Fuß, und ſchräge ablaufenden Höhe von
5 Fuß, auch landwärts geben —

§. 144.

Verordnung wegen der Deichgruben oder Pütten.

Wer Deichgruben oder ſogenannte Pütten in dem
Vorlande gräbt, um Deicherde daher zu nehmen, darf
ſelbige nicht allein nicht über 4 Fuß tief graben, ſondern er muß ſelbige auch abgrüppen, ſo daß jede Fluth
hinein treten, und nachdem ſie den Schlamm oder
Schlick darin fallen gelaſſen, bey der Ebbe auch ſofort
wieder ablaufen könne, um friſchem Fluth- oder Schlick-
waſſer wieder Platz zu machen. Jeder aber muß ſich
dabey hüten, daß die Pütten nicht in einander gelei-
tet, und daß deswegen die ſogenannten Speck- oder
Erd-Dämme, die zwiſchen den Deichgruben ſtehen
bleiben müſſen, keinesweges nach einerley geraden
Richtung durchgeſtochen werden. Widrigenfalls entſtehen dadurch ſogenannte Baljen oder Kölke, welche
nicht allein die Gemeinſchaft mit der Erde hinter den
Deich-

Deich-Gruben abschneiden, sondern auch bey ihrem zu grossen und starken Ausflusse, die Abschalung der Wellen verschlimmern, und die Anschlickung, oder Verhöhung des Vorlandes verhindern —

§. 145.
Desgleichen wegen der Graben und Grüppen vor den Deichen.

Wer Behuf der ausserhalb dem Deiche, oder aus dem Vorlande, zu nehmenden Deicherde, Graben oder Grüppen ziehet, die nicht nach der Länge, sondern nach der Breite des Vorlandes, oder queer vom Deiche, durch dasselbe gehen — Und zwar auch dieß wegen der bereits im vorhergehenden §. angegebenen Ursache.

§. 146.
Wie es bey Ermangelung der Rasen, oder Sood-Erde zu halten.

Wer aus gänzlichem Mangel der Sood-Erde, seinen Deich nicht mit grünen Sooden bekleiden kann, muß denselben zu rechter Zeit, mit Klefer oder Heusaamen besäen, und wenigstens dadurch zu benarben, oder zu begrünen suchen, in so ferne ein solcher Deich dazu flach genug, und nicht gerade gegen Mittag gekehrt lieget. Ist es aber ein Gefahr-Deich, so muß er freylich bey Ermangelung der Sood-Erde, nach den Umständen alsdann zum Stroh-Fläcken-Holz- oder Stein-Deich gemacht werden.

§. 147.
Von Stroh- oder Stickel-Deichen.

Wer bey Stroh- oder Stickel-Deichen nicht auf alle vier gevierte Zoll eine Krampe, oder auf jedem Quadrat-Fusse neun Krampen, über die Strohdecke in den Erd-Deich befestigt hat, und zu diesen Krampen nicht Seile von Rockenstroh nimmt — Zum Bespreu-

Cc

spreuen, oder Ueberlegen, kann jedoch langes Weizen-
stroh, wenn das Futterkraut davon abgesondert ist,
oder auch Schilf und Reet genommen werden —
Wessen Stroh-Deich so schlecht gemacht ist, daß man
dessen neue Bekrampung mit blossen Händen aus dem
Deiche reissen kann, wird gleichmäßig dafür gestrafet.

Wenn die Deichpfände eines Stroh-Deiches nicht
zu gleicher Zeit besticket werden, und jemand sein Deichpfand bereits gehörig, und also auch an den Seiten
eines noch nicht ausgebesserten Deichpfandes, besticket
hat, so muß der Deichpflichtige, welcher mit der Arbeit zurück geblieben ist, das vorher Seitwärts an dem
bereits ausgebesserten Deich gestickte Stroh oder Reet,
sorgfältig wieder wegräumen und aufs neue besticken,
weil widrigenfalls sich die Erde nicht gehörig binden
kann; bey Vermeidung der zuletzt gedachten Strafe.

§. 148.
Desgleichen.

Wer, besonders bey Stroh-Deichen, die von Wellen an die Ufer und Deiche treibenden fremden Theile,
als das sogenannte Treibzeug, Driftsel, Deeken oder
Feek, nicht sorgfältig genug vorher, aus und von
dem Deiche räumet, sondern es mit unter das Stroh
bestickt, der —

§. 149.
Von Flåcken-Deichen.

Wer bey Flåcken-Deichen nicht folgendes beobachtet, daß 1) die Flåcken, welche aus einem Flecht-
oder Zaunwerke von dreyjährigem Weidenbusch bestehen, so groß, als der übrigen Umstände wegen nur
thunlich, und zwar so viel möglich, nach einerley Größ-
se,

se, gemacht werden; 2) daß sowohl die Pfähle als der Busch dazu im Winter gehauen, sofort gezäunet, und bis zum würklichen Gebrauch an schattigten, aber lüftigen Orten, aufbehalten werde, weil sie alsdann ein paar Jahre länger dauren; 3) daß unter den Fläcken, der Deich vorher mit Heide, Stroh, Reet oder Schilf, oder doch wenigstens mit dünnen, langen und geraden Busch, besprenet, oder beleget werde; 4) daß gar keine Fuge zwischen den Fläcken statt finde, sie mit den zähesten Reisern von jungem Weidenbusch, aufs sorgfältigste dicht an einander verbunden, und alles so eben und gleich als nur möglich gemacht werde; und daß 5) ausserdem die Fläcken auf alle 4 Fuß im Quadrat, mit einem am Kopfe durchlochten, und daselbst mit einer Schede, oder einem nur ein paar Zoll dicken hölzernen Keil, versehenen Pfahl, an und in dem Deich befestigt werden, und zwar so, daß dieser Keil hart über die Fläcke hergehe. Wird denn eine Fläcke schadhaft, so kann solche in den Fugen losgeschnitten, eine neue dazwischen gebracht, und alles wieder sorgfältigst mit einander verbunden werden.

§. 150.
Von Holz-Deichen.

Wer bisher einen Holz-Deich unterhalten hat, muß selbigen in Zukunft nach und nach, und so wie er abgängig wird, nach den Umständen jeder Gegend, entweder in einen Stein-Stroh- oder Fläcken-Deich verwandeln, in so ferne nämlich der Strohm unmittelbahr daran herfließt, und Erde nicht hinreichend noch tüchtig genug zu haben ist; Andernfalls ist gemeiniglich schon ein bloßer Soden-Deich allein hinreichend, und ungleich vortheilhafter. Ein Holz-Deich ist nicht allein viel zu kostbahr, sondern auch zu unsicher;

vertiefet den Grund durch den gewaltsamen Anschlag
der Wellen, oder verhindert doch wenigstens deffen Auf-
höhung, macht die Erde hohl, locker und mürbe hinter dem Holze, besonders wenn die Fugen nicht sorg-
sam genug versichert sind; und die dabey nöthig wer-
dende Anker durchlöchern den ganzen Deich oft auf
die gefährlichste Art.

§. 151.
Von Stein-Deichen.

Wer wegen Gefahr und besonderer Wichtigkeit
der Gegend, oder Mangel an hinreichender und tüchtiger Erde, einen Stein-Deich zu unterhalten hat;
muß 1) die Steine nicht in die frische Erde legen, sondern dahinter die Erde, wo irgend möglich, so früh-
zeitig an den Deich bringen, daß solche vorher noch
austrocknen könne, zumahl wenn der Deich nicht sand-
artig ist; 2) die Steine hinterwärts mit Steingrand,
und in den Fugen mit kleinen sogenannten Stopf-
oder Zwicksteinen, nach den Umständen auch mit Mooß
versehen; 3) so grosse glatte und flache Steine als
nur thunlich dazu nehmen, und die kleineren Steine
durch dazwischen laufende Lagen der grösseren veran-
kern; und 4) den Deich, so wie einen blossen Soden-
Deich, schräge oder auch bankweise, keinesweges aber
senkrecht, mit den Steinen bekleiden. Sonst ist ein
flacher, gehörig proportionirter und mit Gras bewach-
sener Erd-Deich, nicht allein der wohlfeilste, sondern
auch der stärkste und sicherste unter allen, obschon derselbe nach Beschaffenheit des Erdreichs, weniger oder
mehr, einiger Sinkung oder Zusammendrückung fähig ist. Das Gras giebt einem Deiche die beste,
wohlfeilste und dauerhafteste Bekleidung. Es wächst
von sich selbst allemahl neu, erhält sich auch selbst,
und

und verlangt dagegen nur einen ebenen, flachen, festen und fettigen Boden.

§. 152.

Anordnung der Zug-Gräben bey Quellen und Wellsand.

Wer in umdeichten Ländern Wasserleitungen oder Zug-Gräben bis auf den sogenannten Wellsand ausgräbt, woraus die Quellen eigentlich entspringen —

Um diese schädliche Quellen so viel möglich zu verhindern, soll im Boden der Gräben, jederzeit ein halber Fuß feste Kleyerde stehen bleiben, dagegen aber, wo dieselben wegen des Wellsandes, nicht tief genug ausgegraben werden können, müssen sie verhältnißmäßig breiter gemacht werden, damit gleichwohl das zurück stehende Wasser so viel möglich mit gleicher Geschwindigkeit abfliessen kann. Wo aber der Wellsand an einigen Orten so hoch lieget, daß er, um dem Wasser den erforderlichen Abfall zu verschaffen, nothwendig durchgegraben werden müßte, daselbst soll ein so beschaffener Theil der Wasserleitung vorerst einen halben Fuß tiefer ausgegraben, und der Boden derselben mit einem halben Fuß der besten Kleyerde zugeschlagen und angestampfet, desgleichen denen Ufern eine doppelte Abschrägung, nämlich auf jeden Fußes Tiefe, einen Fuß gegeben werden.

§. 153.

Alle Wasserleitungen zur Abwässerung so gerade als nur möglich.

Wer alle zur Abwässerung dienende Zuggräben und Wasserleitungen überhaupt, nicht so gerade als nur möglich ziehet, —

§. 154.

§. 154.
Anordnung derselben überhaupt.

Wer nach der jeder Gegend ausdrücklich beson=
ders vorzuschreibenden Breite und Tiefe, nicht jeder=
zeit die Wasserleitungen unterhält, soll

für jede Ruthe eines Haupt=Kanals —

eines Mittel=Grabens —

— kleinen Grabens —

§. 155.
Sollen auf gemeine Kosten, beständig in gehöriger Tiefe und Brei=
te erhalten werden.

Welcher Deichband alle Haupt=Abwässerungs=
Gräben und Wasserleitungen, nicht auf gemeine Ko=
sten, ohne Ausnahme eines einzigen Stück Landes,
jedesmahl in gehöriger Tiefe und Breite unterhält,
soll —

§. 156.
Wenigstens die Haupt=Abwässerungs=Kanäle zu gleicher Zeit.

Welcher Deichband nicht wenigstens die Haupt=
Abwässerungs=Kanäle mit gemeinschaftlicher Hand zu
gleicher Zeit, von unten, nach oben, in vorgeschrie=
bener Breite und Tiefe aufräumet, —

§. 157.
Wie die Ufer eines jeden Kanals und Grabens abzuschrägen.

Wer eine Haupt=Wasserleitung gräbt, ohne der=
selben zu beiden Seiten, auf jeden Fuß der Tiefe, ei=
nen Fuß Abschrägung, und einen kleinern Graben,
wenigstens einen halben Fuß dergleichen Abschrägung
zu geben, —

§. 158.

§. 158.

Wo die herausgebrachte Erde zu laſſen.

Wer in dem umdeichten Lande Graben gräbt, und die aus demſelben aufgeworfene und gezogene Erde, nicht ſofort vom Ufer weg- und auf die niedrigen Stellen des Landes, oder ſonſt zur Ausbeſſerung und zum Ebenen deſſelben braucht, weil ſonſt die zunächſt an den Gräben liegende Gründe, nicht geſchwind genug abwäſſern können, und die heraus gebrachte Erde, bald darauf wieder in die Gräben hinabſinkt, ſoll —

§. 159.

Und wie zu Quell-Dämmen zu gebrauchen.

Wer aber die ausgegrabene Erde, nach Beſchaffenheit der Umſtände jeden Orts, zu Quell-Dämmen brauchen kann, damit das Waſſer nicht aus den Gräben über die niedrigen Gründe treten könne, ſoll die dazu brauchbare Erde, wenigſtens 3 Fuß von dem Ufer der Graben werfen; und müſſen ſodann auch dieſe kleine Dämme, mit beſonderen kleinen Siehlen oder Höhlen, zum Abfluß des Waſſers verſehen werden; welche jedoch die Eigener derer Gründe, welche zunächſt an den Quell-Dämmen liegen, auf ihre eigene Koſten anlegen, und unterhalten müſſen.

§. 160.

Wie Abwäſſerungs-Schleuſen, oder Siehle, anzulegen.

Welcher Deichband Abwäſſerungs-Schleuſen anleget oder unterhält, die nicht in der niedrigſten Gegend deſſelben liegen; die nicht gerade vor dem Haupt-Abwäſſerungs-Kanal, und mit ihrem Fußbette nicht wenigſtens um einen Fuß tiefer, als die Waſſerleitung liegen, —

§. 161.

Dieselben sind an jeder Seite mit schrägen Flügeln zu versehen.

Wer Schleusen oder Siehle in einen Deich neu
anlegt, oder unterhält, ohne sie zugleich jedesmahl zu
beiden Seiten, sowohl land= als Strohmwärts mit
schräge aus einander laufenden Flügeln, oder Vorset=
zungen zu versehen; und wer die Strohmwärts zu Ver=
hinderung der Kölke beym Ausfall des Wassers, je=
derzeit nöthige Vorschleusen oder Vorsiehle, mangeln
läßt, soll —

§. 162.

Strafe desjenigen, der Abzugs=Gräben zuwirft oder verdirbt.

Wer Abzugs=Gräben auf eine oder die andere
Art zuwirft, oder verdirbt —

§. 163.

Hirten dürfen nicht an den Ufern der Gräben hüten; und beson=
dere Tränken, oder Brunnen, müssen fürs Vieh gemacht
werden.

Wer von den Hirten an den Ufern der Gräben
Vieh hütet, und welche Gemeinde zum Tränken des
Viehes, nicht besondere Tränken, oder Brunnen
unterhält, —

§. 164.

Wehren, Röthen und Fischereyen, sind in den Abzugs=Gräben
verboten.

Wer Flachs oder Hanf in Abwässerungs=Gräben
röthet, oder irgend ein Wehr darin macht, und mit
Körben, Setzhaamen, Flügeln u. d. g. in denselben
fischet —

§. 165.

Statt Fahren und Reiten, Brücken und Stege über dieselbe; und
statt Hütungen, Berickungen längst denselben.

Wer durch die Gräben des umdeichten Landes
führt, reitet, oder Vieh durch selbige treibt; — denn
allent=

allenthalben, wo ein Weg zum Heu= und Korn=Fah=
ren, oder eine Trift nöthig, sollen tüchtige und gute
Brücken gebauet werden, dergestalt, daß mit Kähnen
und kleinen Fahrzeugen darunter gefahren werden, auch
das Wasser frey und ungehindert durchlaufen könne.
Bey dergleichen Brücken, oder etwa nöthigen Stegen,
sollen die Pfähle, worauf die Jöche oder Brücken=
Hölzer liegen müssen, zu beiden Seiten dichte am
Ufer eingeschlagen, und die Brücken von solcher Brei=
te gemacht werden, daß Menschen und Vieh sicher
und ohne Gefahr darüber kommen können.

Die Stege, welche gleichfalls hoch genug seyn
sollen, müssen jederzeit von denjenigen unterhalten
werden, auf deren Grund und Boden solche erforder=
lich geworden. Zu beiden Seiten der Brücken, an
den nöthigen Auffarths=Dämmen, und bey allen Hü=
tungen, soll das Ufer der Gräben, mit tüchtigen Be=
rickungen versehen werden, damit das Vieh behm
Uebertreiben und Hüten, nicht zu nahe an die Grä=
ben laufe, deren Ufer verderbe, und also die Gräben
wieder zutrete; noch weniger aber soll ein Graben mit
in die nächtlichen Hütungen, oder sonst eingezäunet,
und also dem Viehe Preis gegeben werden.

§. 166.

**Bäume, Hecken und Sträuche sind unmittelbar längst den Gräben
verboten.**

Wer die längst Wasserleitungen befindliche Bäu=
me, Hecken und Sträuche nicht wegräumet, als durch
deren abhängende Aeste und abfallendes Laub die Grä=
ben verdorben werden; oder wer gar aufs neue welche
wieder hinzu pflanzet, — Damit aber das einem um=
deichten Lande so unentbehrliche Material des Busches

Cc 5   und

und der Pfähle, im Lande selbst so viel nur möglich angezogen werde, müssen dazu aufs sorgfältigste alle andere unschädliche und dienliche Plätze, sowohl innerhalb, als ausserhalb Deiches, ausgesuchet und keinesweges vernachläßiget werden.

§. 167.
Anordnung zur Offen=Erhaltung der Abwässerung durch Schleusen und Siehle, auch des Winters in währendem Froste.

Welcher Deichband in währendem Winter, besonders bey mittlerem Frostwetter, nicht die Haupt= Kanäle der Schleusen und Siehle zur unbehinderten Abwässerung aufeiset; und nicht vor den Schleusen und Siehlen selbst, auf ein paar Fuß Entfernung von einander, sowohl land= als Strohmwärts Eispfähle setzt, als wozu jederzeit eiserne Klammer, oder grosse Krampen, an den obersten Balken derselben, vorhanden seyn müssen, –

§. 168.
Anordnung der Siehltiefe, Fleete und Wetterungen.

Welcher Deichband das sogenannte Fleet, oder den unmittelbar vor einer Schleuse, oder einem Siehle, landwärts stossenden Abwässerungs=Kanal (den auch andere Siehltief, oder Schleusenstrohm nennen) wo nicht um die Hälfte, oder ein Viertel breiter als die Schleuse oder das Siehl, doch wenigstens völlig so breit und tief als diese macht, und beständig unterhält, der soll für jede daran fehlende Ruthe — Vorbeschriebener Haupt=Abzugs=Kanal, in welchen sich alle übrigen Zuggräben, und sogenannte Wetterungen der Gegend ergiessen müssen, und welcher also das sämtliche sogenannte Binnenwasser derselben, endlich durch die Schleuse oder das Siehl aus dem bedeichten Lande führet, muß, so wie er diesem seinem Ende näher kömmt, immer weiter und tiefer gemacht

und

und unterhalten werden, damit das Wasser dadurch
einen so viel schnellern Abfluß erlange. Bey einer
ordentlichen und gut eingerichteten Abwässerung, kömmt
es oft mehr auf die Grösse dieses Kanals, als auf die
Weite der Schleuse an, indem je grösser jener ist,
sich auch um so mehr Wasser bey der Fluth, wenn alsdann die Schleuse verschlossen, darin sanden kann, wodurch denn nachher bey der Ebbe, und der sich sodann
öfnenden Schleuse, der Nachdruck desto stärker und
solchergestalt die so nöthige schnelle Ausstürzung vergrössert wird. Wenn also eine Schleuse zu klein ist,
so kann ihr durch einen grössern Kanal, dennoch in
etwas geholfen werden; dahingegen wenn die Schleuse noch so weit, der Kanal aber zu klein ist, erstere
doch nicht mehr abziehen kann, als letzterer ihr zuführet.

Bey Anordnung der Siehltiefe, Wetterungen
und aller dergleichen Zuggräben ist darauf zu sehen,
daß selbige da angeleget werden, 1) wohin nicht allein der natürliche, sondern auch 2) der unschädlichste
Lauf gehe; und 3) das sogenannte Buthertief (oder
derjenige Theil des Haupt-Abzugs-Kanals, der Strohmwärts von dem Siehle, oder der Schleuse abgeht)
füglich offen gehalten werden könne, und selbiges also
weder in einen zu breiten Anwachs zu liegen komme,
noch auch die Schleuse, wegen eines gar zu nahen Ab-
bruchs (den auch selbst der Schleusen-Kanal noch mehr
heran ziehen und befördern würde) Gefahr laufe,
aufs neue wieder verlegt zu werden. Wo aber obige
drey Umstände zusammen treffen, daselbst ist die natürliche und Societätsmäßige Servitut vorhanden,
und können solche Anordnungen daher keinesweges
verwehret werden.

§. 169.

§. 169.

Wie jedesmahl Schleusen und Siehle zu visitiren.

Wer von den Siehl-Geschwohrenen in denjenigen Deichgegenden, wo in Haupt-See- oder Gefahr-
Deichen, Schleusen und Siehle liegen, selbige nicht
wenigstens alle vier Wochen genau visitiret, und wenn
derselbe irgend einen Mangel daran spühret, dem
Deich-Beamten nicht sofort zur Anzeige bringet, —
Kleine gewöhnliche Mängel können jedoch allemal durch
die Geschwohrene, ohne weitere Umstände hergestellet
werden; auch grössere, in so ferne Gefahr im Ver-
zuge dabey, wovon aber zugleich sofort weitere Anzeige
geschehen muß. In Deich-Gegenden, wo besondere
Schleusen- oder Siehlmeister angesetzt, werden selbige jedesmahl mit zugezogen.

§. 170.

Holzwerk an Schleusen und Siehlen soll mit Theer oder Farbe angestrichen werden.

Welcher Deichband nicht jährlich alles Holz-Werk
an Schleusen und Siehlen (in so ferne nämlich deren
Theile abwechselnd naß und trocken werden können)
zu bestmöglichster Erhaltung desselben, mit Theer,
oder Farbe anstreichen, die Fugen der Mauren aber,
so ferne sie ausgespühlt und offen sind, nicht mit Ce-
ment zustreichen läßt, wobey zugleich alles Eisen, Holz
und Mauerwerk aufs sorgfältigste untersuchet und unterhalten werden muß, wenn auch letztre Arbeit nur
in Einsetzung eines einzigen Steins bestünde, indem
dergleichen Arbeiten sonst ungemein weitläuftig, kostbahr und gefährlich werden, der soll —

§. 171.

§. 171.

Ackerstücke sind zur Beförderung der Abwässerung abzurûnden.

Wer seine Ackerstücke, nach den Abtheilungen der Gräben, zu Beförderung der so nöthigen Abwässerung, nicht jedesmal in einer gewissen Abrûndung zu beiden Seiten, nach der Länge der Stücke unterhält, —

§. 172.

Vermehrung der Abwässerungs-Gräben.

Welcher Deichband Felder, Wiesen, Brüche, Gehölze, Gemeinheiten, oder andere niedrige Grünnde in sich faßt, in welchen bisher keine Abwässerungs-Gräben vorhanden, oder keine mehr zu finden, soll gleichwohl verpflichtet seyn, neue Gräben dadurch zu ziehen, und beständig zu unterhalten, wenn nämlich sonst das Wasser keinen hinreichenden Abfluß hat, sondern die Gründe, zum Nachtheil der Eigener und Nachbaren, versinken und verderben müßten, —

§. 173.

Alte und mangelhaft gewordene Schleusen und Siehle, sollen bey zu befürchtenden Ueberschwemmungen, abgedammet seyn.

Welcher Deichband bey hohem Binnenwasser, durch Ueberstur oder gar Ueberschwemmung, nicht sofort wenn solches zu befürchten, die in den Deichen liegende abgängige alte, oder sonst etwa kürzlich mangelhaft gewordene Schleusen, Siehle und ähnliche Wasserwerke, landwärts, oder nach den Umständen auch Strohmwärts nach Möglichkeit abdammet, oder zusetzt, damit der gewaltsame Ausstur des Wassers durch dieselbe, solche nicht in Gefahr bringe aus dem Deiche zu reissen, oder wie man sagt heraus zu fliegen, —

§. 174.

§. 174.
Einrichtung der sogenannten Einlagen.

Welcher Deichband bey Deichen, die von Grund
aus durchgerissen, oder auch wenn solche, der sich,
trotz allen vorherigen Vorkehrungen, dennoch unmittelbahr unter dem Deich genäherten Tiefen wegen, unmöglich länger nach der bisherigen Linie zu erhalten
stehen, sich schlechterdings in der traurigen Nothwendigkeit befindet, eine sogenannte Einlage zu machen,
oder mit der Deichlinie landwärts weiter zurück zu gehen, hat ausser einer tüchtigen neuen Deichlinie, vorzüglich dahin zu sehen: 1) daß nicht mehr Land dazu
ausgeworfen werde, als es die äusserste Nothwendigkeit erfordere; 2) daß jedoch Deicherde und Vorland
genug ausserhalb der neuen Deich-Linie bleibe, damit
nicht diese Gegend in wenigen Jahren, eine abermah-
lige Einlage verlange; und 3) daß das dabey verlohren gegangene, ausgedeichte und verbrauchte Land, sofort gemessen, und in den Deich-Registern und Deich-
Rollen, von der bisher darauf gehafteten Deich-Schleu-
sen- und übrigen ähnlichen Last, abgeschrieben, und
wieder befreyet werde. Diese hiedurch eingezogene
Last, muß hiernächst auf den ganzen Deichband, aufs
neue gehörig vertheilet werden; wie denn auch die dadurch vergrösserte oder verringerte Länge der bisherigen
Deichlinie, und zwar bis dahin, daß etwa eine vor-
theilhafte Veränderung derselben aufs neue in der Gegend wieder möglich wird.

§. 175.
Verordnung bey Grundbrüchen.

Welcher Deichband einen Grundbruch im Deiche
bekömmt, soll denselben mit gemeinschaftlicher Hand
(ausserordentliche Fälle ausgenommen) entweder wieder

der gerade durch das dabey eingeriſſene Bracf legen,
oder widrigenfalls leßtres landwärts umdeichen; damit
es auſſerhalb der Deichlinie komme, ins Land kein Waſſer ziehe, und mit der Zeit vom Fluſſe ſelbſt wieder mit
Sand, Schlick und Erde angefüllet werden könne.

Auch ſollen die landwärts zunächſt hinter den Deichen befindlichen alten Bracfe, in ſo ferne es ſich ſon-
ſten nur thun laſſen will, aus eben der Urſache, nach
und nach annoch wieder Strohmwärts hinaus gedei-
chet werden.

§. 176.
Und deren veränderte Deichlinie.

Welcher Deichband durch die Umdeichung eines
Durchbruches eine gröſſere Deichlinie bekömmt, muß
ſich entweder die Vertheilung dieſer längeren Linie auf
jedes einzelnen Deichpfand gefallen laſſen, oder aber
dieſe Verlängerung als ein gemeinſchaftliches Deichpfand zu unterhalten übernehmen, wenn nämlich deren
Vereinzelung aufs Ganze zu geringe ausfallen, oder
gar zu weitläuftig werden würde. Iſt der Deichbruch
durch vorſeßliche Vernachläßigung eines Deichpflichtigen erfolget, ſo wird deſſen Vermögen dazu genommen,
in ſo ferne es dazu nöthig und hinreichend iſt. Wird die
Deichlinie durch den Durchbruch verkürzet, indem z. E.
aus einer vorherigen krummen Deichlinie, nachmals
eine gerade würde, ſo kömmt dieſe Verkürzung gleichfalls dem ganzen Deichbande zu gute, in ſo ferne ſolcher
den Deich für den ſo nachläßig und unvermögend ge-
weſenen Deichpflichtigen, aus dem Waſſer, und bis
zur Höhe deſſelben gemeinſchaftlich wieder herſtellen
müſſen.

Gleiche

Gleiche Grundsätze finden auch statt, wenn die
alte Deichlinie durch Eindeichung mehreren Landes,
oder durch Ausdeichung desselben, verlängert worden.

§. 177.
Anordnung der Deiche bey alten Bracken.

Wer einen alten Deich auf der Landseite an einem Bracke liegen hat, welchen von einem vormali-
gen Durchbruche entstanden, muß solches auf der andern Seite so weit verstärken, daß er mit dem Deiche,
wenigstens auf 8 Fuß von dem Bracke komme: widrigenfalls ein solcher Deich in der Folge bey hohem
Wasser, nach der Tiefe der Bracke gemeiniglich absin-
ket, wo nicht gar durchbricht. Ueberdem müssen diese Deiche jedesmal, wenigstens um ein Fuß höher,
als alle übrige seyn, weil solche durch die nach den
Bracken ziehende Quellen, den Sinkungen so sehr unterworfen sind.

§. 178.
Anordnung der Deiche zwischen Strohm und Bracken.

Wer aber einen so gefährlichen Deich hat, daß
derselbe an der einen Seite unmittelbar am Strohme,
an der andern aber an einem Brake oder Kolke lieget,
muß denselben aufs sorgfältigste zu beiden Seiten mit
einem tüchtigen Grund- oder Buschbette einfassen und
unterhalten, und zwar dieß in der Schräge, daß es
auf jedem Fuß Tiefe ein Fuß Anlage, oder Doßirung habe —

§. 179.
Wie Deiche in Sicherheit zu setzen, die Lecken oder Quellen bekommen.

Wer einen alten Deich hat, der entweder mit
Sandlagen zusammen gefahren, oder sonst durch Maulwürfe,

würfe, und andere d. g. Thiere durchlöchert ist, wird
Lecken oder Quellen in demselben bey hohem Wasser,
auf der landwärts befindlichen Doßirung desselben
bekommen; diese muß er, wenn sie noch klein sind,
in der Kappe sofort nachgraben, und daselbst mit
Mist, Heu und trockner thonigter Erde, aufs festeste
verstopfen; sind sie aber groß, so dürfen sie bey ho=
hem Wasser nicht nachgegraben, sondern nur mit
Pfählen und Brettern umrammet, und mit Mist, Stroh,
Busch und hinreichender Erde hierauf, umdeichet wer=
den. Sonst aber sind diese Verstopfungen und Um=
deichungen, in so ferne es nur das hohe Wasser irgend
zuläßt, jedesmahl am sichersten und besten Strohm=
wärts vorzunehmen, denn dadurch wird daselbst der
Eingang der Lecke oder Quelle selbst verstopfet, der
Druck so viel weiter entfernet, und die auswendige
Doßirung des Deiches zugleich mit beschützet. Nach
Ablauf des hohen Wassers müssen dergleichen Quellen
aufs neue weiter auf= und nachgegraben, die Nothma=
terialien gänzlich wieder herausgenommen, und diese
so gefährlich gewesenen Stellen, mit der Kleyerde von
Grundaus wieder angefüllet und eingestampfet wer=
den. —

§. 180.

Und besonders unter den Deichen.

Wer unter einem alten Deiche eine Quelle hat,
welche sich bey hohem Wasser gemeiniglich nahe an der
landwärts befindlichen Doßirung des Deiches zeiget,
muß solche Stelle so tief als möglich und nöthig auf=
graben, und mit der zähesten und thonigtesten Kleyer=
de wieder ausfüllen und ausstampfen, indem die Er=
fahrung gelehret, daß sich die Quellen dadurch gänzlich
verlohren haben. Wird dieß Mittel nicht angewandt,

so

so bleiben dergleichen Quellen die allergefährlichsten, indem dadurch der Grund unter den Deichen dergestalt weggespület wird, daß dieselben oft plötzlich sinken und durchbrechen.

§. 181.
Besonders Bestick der Sand= und Mohr=Deiche.

Welcher Deichband unvermeidlicherweise, Deiche von Sand= oder Mohr= und anderer schlechten Erdart in sich faßt, oder auch auf einem dergleichen schlechtem Grunde liegen hat, kann sich in Ansehung der Anlage und Kappen=Breite derselben, keinesweges nach den übrigen von tüchtiger Kleyerde befindlichen Deichen richten, sondern muß sich deren Unterhaltung nach einer besonders dazu gehörig festzusetzenden und vorzuschreibenden Stärke, ein für allemahl gefallen lassen.

§. 182.
Wie vorläufige Noth=Arbeit zu vollenden.

Wer bey einem ausserordentlichen Nothstande den Schaden seines Deiches nicht von Grundaus herstellen können, darf mit der übrigen dazu nöthigen Arbeit nicht bis zur nächsten gewöhnlichen Deichbesichtigung, oder Schaue, warten, sondern muß sofort nach Ablauf des hohen Wassers, die angefangene Noth=Arbeit weiter gehörig vollenden.

§. 183.
Kein Annehmer, sondern jeder Deichpflichtige selbst, haftet für seinen Deich.

Welcher einzelne Deichpflichtige sein Deichpfand einem andern schaufrey zu machen verdungen, und der Annehmer eine solche Arbeit in gehöriger Zeit und Maasse nicht vollendet hat, wird keinesweges letzterer, sondern lediglich der erstere mit der gebührenden Strafe dafür angesehen.

§. 184.

§. 184.

Strafe der Annehmer bey einer Deich-Arbeit, die für den ganzen Deichband übernommen.

Wer jedoch eine Deich-Arbeit als freywilliger Annehmer für den ganzen Deichband übernommen hat, oder solche, nach der Aufgabe des Deichamts, in einer bestimmten Zeit fertig zu liefern schuldig ist, die bestimmte Zeit aber damit nicht beobachtet, hat zu erwarten, daß solche sofort öffentlich wieder verdungen, und der sogenannte Wiederpfenning, oder das gedoppelte Verdings-Geld dafür, von dem Saumhaften beygetrieben werde, wobey jedoch auch diejenige Strafe vorbehalten wird, die in den Conditionen des Verdings besonders festgesetzet worden.

§. 185.

Weitere Verordnung darüber.

Wer eine wichtige Deich-Arbeit für einen Deichpflichtigen, oder ganzen Deichband in Verding übernimmt, muß sich als Annehmer sofort bey dem ersten Deichbeamten mit seinem gemachten Accorde melden, damit derselbe untersuche, nicht allein ob der Annehmer dazu tüchtig, sondern auch ob der Accord unter gehörigen Conditionen, und für einen billigen Preis geschlossen sey. Gleichwohl haften Landeigenthümer für alles, und an diesen, nicht aber an jenen, hält man sich Deich-Amtswegen, sobald es an dem einen oder anderen dabey mangelt. Eine Bürgschaft des Annehmers ist dazu nicht hinreichend, weil mit Gelde allein eine Arbeit und Lieferung, die keinen Verzug leidet, nicht zu Stande zu bringen steht.

Unter den Deichbedienten selbst kann keiner zum Annehmer vorgeschlagen noch angenommen werden.

§. 186.

§. 186.

Wie Deich-Erde am festesten zu verarbeiten.

Wer die an oder in den Deichen nöthige Füll-
oder Spitterde (d. i. diejenige welche keinen grünen
Anger hat) zu der so nöthigen mehreren Festigkeit derselben, nicht mit Karren, sondern blos aus freyer
Hand, und ohne einzustampfen, loß und locker an
den Deich wirft, der soll — Ja, bey Haupt-Repa-
rationen, oder neuen Anlagen der Deiche, darf nicht
einmal die Deich-Erde anders als im Nothfalle, und
wann es die Umstände durchaus erfordert, mit Hand-
Schieb- oder sogenannten Keuerkarren, sondern vielmehr mit Wägen, Sturzkarren, oder sogenannten
Wüppen, und mit Schlitten oder Schlöpen, nach der
verschiedenen Beschaffenheit des Bodens, an oder in
den Deich gebracht werden. Obgleich freylich bey
einfallendem Regenwetter die Arbeit mit Pferden stille
stehen muß, hat man dahingegen bey derselben den
wichtigen Vortheil, daß die in den Deich gefahrne
Erde, von den Pferden, Wägen, Wüppen oder Sturzkarren dergestalt betreten und befahren wird, daß dadurch sofort ein fester und gleichsam eingestampfter Deich
entsteht, welcher in der Folge von seiner Höhe und
übrigen Gestalt, wenig verliehret, auch nicht so leicht
ausgespühlet wird, sondern sofort bleibt wie er einmal
ist. Auch braucht man bey einer solchen Deich-Arbeit
wenigere Leute, und nicht so viele Materialien an Karren, Diehlen und übrigen Anstalten. Dahingegen
müssen aber auch Dämme bis zu 20 Fuß breit, zwischen den Deichgruben sofort stehen gelassen werden,
damit auf denselben sich das Fuhrwerk, ohne allen
Aufenthalt und Unordnung, kehren, weuden und be-
gegnen könne.

§. 187.

§. 187.

Vermeidung und Verringerung der Deichkrümmen.

Wer kurze und geringe Krümmungen in seinem Deichpfande hat, muß den Deich daselbst nach den Umständen auf der einen oder anderen Seite, etwas stärker anlegen und unterhalten; theils um dem Deiche die durch die Krümme veranlaßte Schwäche dadurch zu vergüten, theils aber auch um die Deichlinie dadurch einer geraden Linie wieder näher zu bringen.

§. 188.

Auf jeder Kabel Haupt-Deichs sollen jederzeit einige Rasen in Bereitschaft seyn.

Wer nicht bey jeder Schaue, zu einer oder der anderen Noth-Hülfe, für jedwede Ruthe Haupt-Deichs, an der Kannte desselben, wenigstens 6 tüchtige Soden, oder Rasen in Bereitschaft hat, der soll —

§. 189.

Wie hoch die Wohn-Gebäude im umdeichten Lande zu setzen.

Wer ein neues Wohn-Gebäude in einem umdeichten Lande bauet, muß vorher einen so hohen Grund darunter aufführen, daß ein solches Gebäude, nach allen bisherigen Erfahrungen, auch alsbann noch sicher stehen bleiben könne, wenn auch gleich das Land, vermittelst eines Durchbruches, unter Wasser gesetzet werden solte. Gleichwohl versteht es sich von selbst, daß auf ausserordentliche Fälle hieben nicht gerechnet werden kann.

§. 190.

Strafe derjenigen, die Busch und Pfähle zu Wasserwerken, nicht nach einerley verordneter Stärke und Länge hauen und binden.

Wer die zu den Wasserwerken zu liefernde- und zu verbrauchende Buschbünde, nicht nach einerley verord-

Dd 3

neter

neter Stärke und Länge, in einem 2maligen Bande feste
bindet; auch die Pfähle nicht nach einer, und derselben
Länge und Stärke hauet, der soll —

§. 191.

Strafe derjenigen, welche ohne Erlaubniß die zum Deichwesen ge=
hörige Materialien, ausserhalb Landes, oder auch nur ausserhalb
dem Deichbande, verkaufen.

Wer ohne besondere Erlaubniß des Deich=Amts
Busch und Pfähle, wie auch Steine, Stroh, Reet
u. d. g. zum Deichwesen brauchbare und nöthige Materialien ausserhalb Landes, oder auch nur ausserhalb
dem Deichbande, verkauft, der soll —

§. 192.

Verbot eigenmächtiger Ab= und Weggrabung der Ansandungen.

Wer von dem Sande und der Erde, so die Wasserwerke in dem Flusse aufgefangen und bewürkt, ohne
dazu nachgesuchte Einwilligung der Deichbediente, weg-
gräbt; oder auch wer dergleichen zunächst dem Ufer
und Fusse der Deiche eigenmächtig wegnimmt, der
soll —

§. 193.

Holzstämme, Blöcke oder Flösse dürfen nicht an und auf den Vor=
ländern der Deiche, frey und unbefestigt liegen.

Wer ohne Erlaubniß der Deichbediente geschnit-
tene Holzstämme, Blöcke oder Flösse, an und auf
den Vorländern der Deiche bewahret, — Die Deichbediente aber haben darnach zu sehen, daß dergleichen
Hölzer jederzeit fest und sicher genug verbunden und
befestigt sind, weil Erfahrungen traurig genug gelehret, daß selbige widrigenfalls bey hohen Fluthen und
heftigen Stürmen, von Wind und Wellen aufs ver-
derblichste gleichsam wie Mauerbrecher, an die Deiche
und Häuser getrieben, erstere dadurch schon allein
durchgebrochen, letztre aber äusserst beschädigt, wo
nicht gar eingestürzt worden. §. 194.

§. 194.
Wie Fußsteige an und über den Deichen einzurichten.

Wer Fußsteige in und über einen Deich macht und unterhält, und nicht vielmehr statt derselben hölzerne oder steinerne Treppen, ausserhalb dem Körper des Deiches anlegt; auch wenn der Fußsteig zum Uebergange über den Deich gebraucht wird, nicht die Kappe des Deiches, so weit nöthig, verhöhet, oder ein kleines Steinpflaster darauf legt, —

§. 195.
Vorkehrung zum Anlegen der Schiffe.

Wer die Busch- oder Reiswerke vor Deichen und Ufern, zum Anlegen der Schiffe, oder Aus- und Einsteigen gebräuchet, muß solche Wasserwerke nicht allein dafür mit Rasen oder Soden besetzen, sondern auch von Brettern ein besonders Steg oder eine Brükke darauf halten; auch überdem den Deichfuß mit einem Zaun- oder Bollwerke verwahren.

§. 196.
Beschädigungen, die dadurch entstehen.

Welcher Schiffer im Segeln auf die Uferwerke stößt, oder beym Sturme daran geworfen wird, muß den verursachten Schaden wieder herstellen, oder erweisen, daß gar kein Versehen dabey vorgegangen sey. Wie denn auch kein Schif an Busch- und Reiswerken überhaupt befestiget oder vor Anker geleget werden darf.

§. 197.
Die durch Eisgang oder Sturm, von Wasserwerken abgestochene und zerschlagene Sachen, müssen nach Möglichkeit geborgen werden.

Wer von den Deichbedienten und Interessenten nicht die von Uferwerken überhaupt, durch Eisgang

oder

oder Sturm, abgeſtochene oder zerſchlagene Sachen,
nach Möglichkeit zu bergen, und an einen ſicheren Ort
zu bringen ſuchet; auch von ſolchen Sachen nicht gleich
darauf ein richtiges Verzeichniß einſendet, oder doch
dergleichen baldigſt zu weiterer Anzeige bringet, der —

§. 198.
Vom Bergelohn der an Ufer und Deiche antreibenden Sachen.

Wer die an Waſſerwerke, Deiche und deren Ufer
antreibende Sachen, von verunglückten Schiffen,
Holzflöſſen, u. d. g. eigenmächtig, und ohne weitere
richtige Anzeige, heimlich zu ſich nimmt, da ſie doch
zum Vortheil der allgemeinen Deich-Caſſe, und wenn
deren Eigenthümer ſich etwa nachher angeben, nach
Abzug eines billigen Bergelohns, oder Ufer-Geldes,
und nach Abzug der den Ufern, Deichen und Waſſerwerken etwa dadurch verurſacht gewordenen Schadens,
berechnet werden ſollen, der —

§. 199.
Zollfreyheit der Materialien Behuf des Deichweſens.

Welcher Deichband, oder auch einzelner Inter-
eſſent, zu Waſſerwerken überhaupt, Materialien zu
Schiffe kommen läßt, erhält ſolche an eben dem Fluſſe
oder Strohme des Landes, jedesmal zollfrey bey jedem der Waſſer-Zölle, doch muß darüber auch jedesmal ein pflichtmäßiges Atteſtat, nebſt einem genauen
Verzeichniß dieſer Materialien, von dem Deichbeamten zugleich beygebracht werden.

§. 200.
Kein Rechnungsführer darf Liferant ſeyn.

Wer von den Rechnungs-Führern, er ſey wer
er wolle, auf eine oder die andere Art, mittelbarer
oder unmittelbarer Weiſe, Theil an den Lieferungen,

Der

der von den Deichbänden anzukaufen nöthigen Materialien, nimmt —

§. 201.
Einschränkung der Fischerey in Werdern und Vorländern.

Wer die in Werdern und Vorländern, durch
Eis und Ueberfall des hohen Wassers, oder sonst bey
Anhägerung oder Alluvion derselben, hin und wieder
annoch bleibende sogenannte Haken, Braken oder Kuh-
len und Kölke, zur Fischerey nutzt, darf solches gleichwohl nur unter der Bedingung thun, daß dabey das
zum Zuwachs, und weiterer völligen Zulandung derselben, sich einstellende Schilf und Kraut, nebst dem
Moder, zum Vortheil der Fischerey keinesweges aus-
gezogen, noch ausgeräumet werde, wie denn solches
bey etwaniger Verpachtung solcher Fischereyen, ausdrücklich mit bedungen werden muß.

§. 202.
Freye Gräserey der Deichbediente auf Vorländern und Werdern, wird abgeschafft.

Wer von den Deichbedienten bisher die freye
Gräserey zwischen den herrschaftlichen Anpflanzungen
auf den Vorländern und Werdern genossen, muß solche in Zukunft ein für allemal verliehren, und dafür
auf eine andere Art entschädiget werden. Widrigenfalls kann dadurch die zu Unterhaltung der Deiche und
deren Ufer allenthalben nöthige Anpflanzung von
Weyden, u. d. g. Buschwerk gar zu leicht eine Pflichtwidrige Hinderung finden.

§. 203.
Desgleichen Anweisungs-Gebühr für Busch und Pfähle.

Wer von den Deichbedienten bisher eine gewisse
Anweisungs-Gebühr für jedes Schock Busch und
Pfähle, so aus herrschaftlichen Anpflanzungen geliefert

Dd 5   wird,

wird, genoſſen, muß ſolche in Zukunft ein für alle
mal verliehren, und dafür auf eine andere Art entſchädiget werden. Widrigenfalls kann dadurch gar
leicht eine Pflichtwidrige Verringerung der beſtändig
nöthigen unveränderlichen Maaſſen, eines ſo wichtigen Materials veranlaſſet werden.

§. 204.
Desgleichen der Einnahme an Straf-Geldern.

Wer von den Deichbedienten bisher von den
Straf-Geldern unterlaſſener Deich-Arbeiten genoſſen,
muß ſolche Einnahme ein für allemal verliehren, und
dafür auf eine andere Art entſchädiget werden. Widrigenfalls kann dadurch gar leicht, wenigſtens der
Verdacht entſtehen, daß die Deichpflichtigen nicht bey
jeder Gelegenheit genugſam zu ihrer Schuldigkeit an-
gehalten worden.

§. 205.
Strafe der Deichbeamte und Bediente, die im Dienſt auf Gunſt oder Gaben, Freund- oder Verwandſchaft ſehen.

Wer von den Deichbeamten, oder Deichbedienten,
in Dienſtſachen auf Gunſt oder Gaben, Freund- oder
Verwandſchaft ſieht, —

§. 206.
Wie es zu halten, wenn jemand Urſache findet ſich über die Anord- nung derſelben zu beſchwehren.

Wer von den Deichpflichtigen ſich über die eine
oder andere Anordnung des Deichbeamten, und
deſſen Unter-Bediente graviret findet, muß gleichwohl
vorläufig denſelben gehorſamen, weil in Deichſachen,
als cauſis celerrimae expeditionis, keine appellatio,
oder andere ſuſpenſiv-Mittel zugelaſſen werden. Nachher aber kann er ſeine Beſchwerden höheren Orts gehörig anbringen, und von demſelben, ohne Weitläuf-
tigkeit,

tigkeit, den Spruch Rechtens erwarten, wobey es denn ein für allemal gelassen werden soll.

§. 207.

Prediger müssen ihrer in einem Deichbande belegenen Gemeinde, diese Deich-Ordnung jährlich von der Kanzel ablesen.

Die Prediger sollen diese Deich-Ordnung ihrer in einem Deich-Bande belegenen Gemeinde, jährlich an einem gewissen, Sonntags vorher bekannt zu machenden Tage, öffentlich von der Kanzel ablesen.

Und endlich §. 208.

Beschluß derselben.

Wer dieser Verordnung nicht in jedem Stücke, besonders aber in Absicht der unmittelbahren Erhaltung der Deiche und deren Werke, genau nachlebt, wird nicht allein mit der dabey angesetzten Strafe, entweder an Gelde oder am Körper, in continenti beleget; sondern er muß auch noch die angeordnete Arbeit, bey Vermeidung einer sich verdoppelnden Bestrafung, sofort machen; widrigenfalls es ohne alle weitere Zeit-Versäumniß durch die Deichbediente für Geld, auf Kosten der ungehorsamen Interessenten gehörig gemacht, und die daraus entstehende Kosten, zugleich mit dem Straf-Gelde nöthigenfalls executive, oder durch Pfändung beygetrieben werden sollen.

Alle und jede Straf-Gelder aber fliessen in die allgemeine Deich-Casse, zum Besten jeden Deichbandes, und participiren also die Deichbediente davon gar nicht.

———

II.

II.
Rechtliches Bedenken
über die
Regalität des Salpeters.

Um das hier in Frage stehende Regal von Grund aus beurtheilen zu können, sind erst einige Umstände von der Natur der Sache voraus zu setzen, auf deren Beschaffenheit die Erörterung dieser Frage grossentheils beruhet.

Von Natur gibt es zweyerley Salze, saure und nicht saure, aus deren Verbindung die so genannten Mittelsalze entstehen, von welchen der Salpeter eine besondere Gattung ausmacht. Wenn derselbe völlig gereiniget ist, muß er aus ganz weissen, durchsichtigen, völlig trockenen Crystallen bestehen, und die Eigenschaften haben, daß er im Wasser schnell zergehet, über Feuer schnell zerschmilzt, auf glühenden Kohlen schnell und stark verpufft, und einen empfindlich kühlen Geschmack verursacht (a). So wird er unter andern insonderheit zu Verfertigung des Scheidewassers und des Schießpulvers gebraucht, und zwar zum letzten in solchem Verhältnisse, daß zu 100. Pfund Pulver ungefähr 75. Pfund Salpeter erforderlich sind (b).

Eine grosse Menge Salpeter wird aus Ostindien nach Europa gebracht; doch ist noch nicht ausgemacht,
ob

(a) Beckmanns Technologie S. 315. §. 1. S. 321. §. 10.
(b) Beckmann am a. O. S. 345.

ob irgendwo der Salpeter schon in seiner Vollkommenheit von der Natur hervorgebracht werde, und ob er also in die Zahl der eigentlich so genannten Mineralien gehöre (c)

Am leichtesten ist er zu gewinnen, wenn man den Beschlag, der sich häufig von selbsten an Mauern ansetzt, sammlet, und die darinn erzeugte Salpetersäure von den damit verbundenen Mineralien trennet und sie dagegen mit Laugensalze, als dem anderen Bestandtheile des Salpeters, vereiniget; oder wenn man auch mit so genannter Salpetererde, wie man solche häufig im Ställen, Kellern und alten Gebäuden ausgraben kann, auf gleiche Art verfähret.

Man weiß aber nunmehr auch Mittel aus Erde, die mit faulbaren Dingen vermischt wird, als aus Moorerde, Schlamm, Gassenkoth, Schutt, Kalk, Asche, Seifensiederasche, Mist, Urin und anderen Abfällen von Thieren und Pflanzen, überall durch Kunst sich Salpetererde zu verschaffen, indem man entweder Gruben damit anfüllt, oder Wände davon aufführt, oder, was das zweckmäßigste und vortheilhafteste ist, in Pyramidengestalt lockere Haufen davon anlegt, und solche mit Urin oder Mistjauche mäßig feucht erhält, und von Zeit zu Zeit durcharbeitet, auch auf neue Stellen verleget, bis sie zum Auslaugen und weiteren Abkochen tüchtig ist.

Außer den allgemeinen und kurzen Nachrichten, die sich davon in Beckmanns Technologie S. 316. u. f. wie auch in Zinkens ökonomischen Lexico S. 2500. u. f. finden, sind ausführlicher eigene Werke darüber nach-

(c) Beckmann am a. O. S. 315.

nachzusehen, als "die Kunst Salpeter zu machen und
„Scheidewasser zu brennen, aus eignen Erfahrungen
„herausgegeben von Johann Christian Simon, Dres:
„den 1771. 8." (S. die Recension davon in Beck:
manns physikalisch : ökonomischer Bibliothek 2. B.
S. 399-412.) und "Instruction sur l'établissement
des nitriéres et sur la fabrication du salpetre, publiée
par ordre du Roi, par les regisseurs generaux des pou-
dres et salpétres, à Paris de l'imprimerie Royale 1777.
4." (S. die Recension in Beckmanns Bibliothek
9. B. S. 344-349.), wovon auch schon eine Teut:
sche Uebersetzung, als der zweyte Theil zu vorberühr:
ter Kunst Salpeter zu machen von Joh. Chr. Simon,
erschienen ist.

Das alles nun zusammen genommen, hat I) nach
der Natur der Sache und kraft allgemeiner Grund:
sätze der Salpeter in sich nichts, was ihn zum Regale
machen könnte.

Der Salpeterbeschlag, der sich von selbsten an
Wänden ansetzt, oder sonst in Gebäuden oder Grund:
stücken hervorthut, kann an sich nicht anders als für
ein Zugehör des Eigenthums angesehen werden.

Aus allgemeinen Grundsätzen ist auch kein Rechts:
grund abzusehen, warum nicht ein jeder die natürliche
Freyheit haben und behalten sollte, Salpeter durch
künstliche Vorrichtungen zu gewinnen; so wie jede an:
dere chymische Arbeiten und Versuche auch in der bür:
gerlichen Gesellschaft jedem Mitgliede derselben nach
richtigen Grundsätzen des allgemeinen Staatsrechts
gewiß unverwehrt sind.

Man

Man kan zwar von Mitgliedern eines Staates für bekannt annehmen, daß sie sich nicht auf ihre natürliche Freyheit berufen können, wo dieselbe mit der gemeinsamen Wohlfahrt des Staates nicht bestehen kann. Wo dieser Fall aber nicht eintritt, da fehlet es auch an allen rechtlichem Grunde, jener natürlichen Freyheit Schranken zu setzen.

Nun könnte zwar II) nach der besonderen Teutschen Verfassung dennoch zu Begründung der Regalität des Salpeters ein Grund vorhanden seyn, wenn in vorigen Zeiten, ehe noch unsere heutige Landeshoheit im Gange war, schon ein allgemeines kaiserliches oder königliches Regal daraus gemacht worden wäre, wie der Fall mit Gold- und Silber-Bergwerken ist, die deswegen in ganz Teutschland jetzt für landesherrliche so, wie ehedem für kaiserliche Regalien, gehalten werden, weil einmal da schon in der Teutschen Verfassung von uralten Zeiten her die Einschränkung der natürlichen Freyheit hergebracht war, und so nur die reichsständische Landeshoheit in die Stelle der vorherigen kaiserlichen Hoheit trat.

Dieses läßt sich aber (wie ich schon in meinen Beyträgen zum Teutschen Staats- und Fürstenrechte 1 Th. S. 207. u. f. gezeigt habe,) nicht von allen geringeren Mineralien, und am wenigsten vom Salpeter behaupten, da von demselben noch nicht einmal ausgemacht ist, ob er auch gediegen oder natürlich gefunden werde, und also im eigentlichen Verstande zu den Mineralien zu rechnen sey. Wenigstens ist das in Teutschland der Fall nicht, da er überall erst durch besondere Vorrichtungen und Vermischungen gewonnen wird (d).

Erst

(d) Beckmanns Technologie S. 315.

Erſt von der Zeit an, da der Gebrauch unſers heutigen Schießpulvers in Gang gekommen, hat man auch in Teutſchland, wie in ganz Europa, auf den Salpeter mehr Aufmerkſamkeit gewandt, da natür-licher Weiſe in eben dem Verhältniſſe, wie nach und nach der Gebrauch des Pulvers, ſo auch die Bedürf-niß des Salpeters, als meiſt ¾ von deſſen Beſtand-theilen, immer höher geſtiegen iſt.

Sofern nun III) nach der durchgängig eingeführ-ten neueren Kriegsart das Schießpulver ein unentbehr-lich weſentliches Stück zur Vertheidigung der Länder und zu Führung eines jeden Krieges geworden, ſol-ches aber ohne Salpeter nicht verfertiget werden kann; ſo konnte allerdings eine jede Landesherrſchaft alle im Lande befindliche Mittel zu Gewinnung des Salpeters, ſo viel deſſen zu Verfertigung des zur Landesverthei-digung erforderlichen Schießpulvers nöthig war, aus eben dem Grunde in Beſchlag nehmen, aus welchem jeder Eigenthümer ſo gar genöthiget werden kann, zu Feſtungswerken ſeine Grundſtücke herzugeben, wenn es die zu Vertheidigung eines Landes erforderlichen Anſtalten zur Nothwendigkeit machen.

In Anſehung des Salpeters ſchien hiebey um ſo weniger Bedenken zu ſeyn, als es da nur darauf ankam, daß ein jeder Unterthan geſchehen ließ, von den Wänden abkratzen oder aus den Ställen oder Kellern u. ſ. w. ausgraben zu laſſen, was der Eigen-thümer ohnedem ſonſt nicht benützte, und ohne daß ihm alſo ein Nachtheil dadurch zuwuchs, zumal wenn da-für geſorget wurde, daß das ausgegrabene allenfalls durch andere Erde wieder erſetzt werden mußte.

In

In so weit bestand also das Salpeter-Regal nur in Einschränkung der natürlichen Freyheit, indem ein jeder leiden mußte, daß in seinem Eigenthume etwas vorgenommen wurde, was er sonst nach der natürlichen Freyheit zu leiden nicht nöthig gehabt hätte. Oder wenn man auch darauf Rücksicht nimmt, daß sonst ein jeder für sich selbst hätte Salpeter gewinnen und ein Gewerbe damit treiben können; so war auch das doch nur eine Einschränkung der natürlichen Freyheit, wenn jetzt von landesherrschafts wegen nur gewisse Leute dazu bestellt wurden, die mit Ausschließung eines jeden andern das Recht bekamen, das Salpeterwesen zu betreiben, um den zu Verfertigung des Schießpulvers nöthigen Vorrath von Salpeter zu bekommen, zumal da doch niemand aus dem Mauerbeschlage seiner eignen Gebäude soviel Salpeter erhalten haben würde, daß seine Mühe dadurch belohnt worden wäre.

Auf solche Art hat also IV) schon im Jahre 1419. der Erzbischof Günther von Magdeburg jemanden die Nutzung des Salpeters gegen gewisse Abgaben als ein Regal verwilliget (e).

So gab auch der Erzbischof Johann der VI. von Trier unterm 21. Aug. 1560. Theissen von Strobich die Erlaubniß, im Erzstifte Trier Salpeter zu suchen und zu graben, so daß er einen jeden Centner Salpeters, wenn er geläutert wäre, für acht, den ungeläuterten für sechs Gulden nach Ehrenbreitstein liefern sollte (f).

So ward ferner in einer Verordnung des Churfürsten Johann Georgs von Brandenburg vom Jahre 1583. in Joach. *Scheplitz consuetudinibus electoratus Bran-*

(e) Beckmanns Technologie S. 318.
(f) *Honthejm hist. diplom. Treuir.* tom. 2. p. 862.

Brandenburgensis (Lipſ. 1616. fol.) part. 4. tit. 5.
§. 12. p. 423-426. (edit. II. Berol. 1744. fol.) p.
367-370. als bekannt vorausgeſetzt, daß dem Chur:
fürſten "als Herrn und Landesfürſten von Recht und
„Obrigkeit wegen im Churfürſtenthume der Mark Bran:
„denburg und allen incorporirten und zugehörigen Für:
„ſtenthümern, Ländern und Herrſchaften, ſowohl an
„und in der Prälaten, Grafen und Herren, von der
„Ritterſchaft und Adel, und aller andern Unterthanen
„in Städten und auf dem Lande, Prälaturen, Herr:
„ſchaften, Lehn: und anderen Gütern, als in den chur:
„fürſtlichen ſelbſteigenthümlichen Gütern und Aemtern
„das Salpetergraben und Sieden als ein Regal, gleich
„allerhand metalliſchen Bergwerken und andern lan:
„desfürſtlichen Regalien und Hoheiten zuſtehe;" —
ſo daß alle Vaſallen und Unterthanen, auch Räthe und
„Gemeinden in Städten und Flecken, ſämmtlich und
„ein jeder inſonderheit, allenthalben in dem Ihrigen,
„wo und welcher Ende, es ſey in Heiden, Wäldern,
„Feldern, Gärten, Häuſern (doch der Grafen, Herrn
„und Adelichen Ritterſitze und Höfe ausgenommen),
„auch Kammern, Scheuern, Ställen oder ſonſt, Sal:
„petererde vermuthet werde, den jedes Orts verordne:
„ten Salpeterſiedern auf ihr Anregen unweigerlich und
„unverhindert, auch ohne Begehr oder Geſuch einiges
„Abtrages oder Genieſſes" das Salpetergraben zu ge:
ſtatten ſchuldig ſeyen. Da dann übrigens nur den
Salpeterſiedern vorgeſchrieben wird, "das Salpeter:
„graben nicht zu unbequemer, ſondern zu rechter Zeit,
„als wenn das Korn aus den Scheuren iſt, und es ſich
„ſonſt auch zu Sommer: und Herbſt:Zeiten in Kam:
„mern und Fluhren zu graben und zu arbeiten am beſten
„ſchicket, vor die Hand zu nehmen und anzuſtellen, ſo:
„dann die ausgegrabene Oerter auf ihre Koſten wieder
„zuzu:

„zuzufüllen,” und übrigens von allem gewonnenen Sal-
peter nicht nur den Zehenden abzugeben, sondern allen
Salpeter gegen billige Bezahlung in die Festungen und
Zeughäuser zu Spandau und Cüstrin zu liefern, und
keinen auffer Landes kommen zu laſſen, auch ſelbſt kein
Pulver davon zu machen u. ſ. f.

Desgleichen findet ſich in der Sammlung fürſtlich
Heßiſcher Landesverordnungen 1. Th. S. 460. eine
fürſtlich Heßiſche Verordnung vom 5. Sept. 1589.
wo, unter der Vorausſetzung, wie "zu Behuf der Fe-
„ſtungen, Munition und Zeughäuſer jährlich eine gute
„Anzahl Salpeter vonnöthen” ſey, der Zeugwärter,
Peter von Ulm, abgefertiget wird, ſich neben den fürſtlichen Salpeterſiedern zu erkundigen, in was Städten,
Flecken und Dörfern Salpeter anzutreffen, demſelben
nachzugraben, ihn zu ſieden und zu Nutz zu machen;
mit der hinzugefügten Verordnung an die Beamten
und Unterthanen, denſelben nichts in Weg zu legen,
ſondern vielmehr mit Holzfuhren, Aſche und ſonſt be-
förderlich zu ſeyn.

Daß endlich auch noch in unſern Tagen ähnliche
Grundſätze obwalten und in würklicher Uebung ſind,
beweiſet theils das königlich Preußiſche erneuerte und
vermehrte Salpeteredict für das Herzogthum Magdeburg, das Fürſtenthum Halberſtadt und die Grafſchaft
Mansfeld Magdeburgiſcher Hoheit vom 1. März 1767.
in Gegels Sammlung landesherrlicher Verordnungen vom Jahre 1767. 1 Th. (Offenb. 1769. 8.) S.
514-545., nebſt der dazu gehörigen Inſtruction für
jeden Specialauffeher auf die Salpeterwände und Gru-
benhäuſer in den Städten und Dörfern des Herzogthums
Magdeburg und Fürſtenthums Halberſtadt eben daſelbſt

S. 499-513. Theils ergiebt sichs auch aus dem, was in Bergius Polizey= und Cameral=Magazine 8. Band. (Frf. 1774. 4.) S. 16-19. von den Salpetereinrich= tungen im Herzogthume Würtenberg bezeuget wird, wo noch am 20. Jun. 1747. eine erneuerte Salpeter= ordnung herausgekommen ist (g).

Es ist daher V) nicht zu bewundern, wenn schon mehrere Schriftsteller ein allgemeines Salpeter=Regal daraus gemacht, und solches insonderheit für unsere Teutsche Fürstenthümer behauptet haben.

So bezeuget Casp. K L O C K *de aerario* lib. 2. cap. 34. n. 19. In Polonia et Marchia, aliisque Germaniae locis opificium excoquendi halinitri, Salpeter zu sie= den, sumtu publico passim exercetur, da in die 20. und mehr Salpetersieder hin und wieder gehalten wer= den, quibus licentia a principe vel magistratu datur fo= diendi, vbicunque terra nitrosa reperitur, boni publici causa "welches hernach B E S O L D U S in *thesauro practico* sub voce Salpeter (edit. nov. 1697. fol.) p. 919. mit eben den Worten wiederholet, und nur noch hinzu= gefüget: Fodinis nitrariis principem legem imponere posse, dubitandum non est."

Desgleichen findet sich in den von Fabian Wilde= rich Streng gesammelten consultationibus et casibus illustribus (Nürnberg 1702. 4.) S. 370-392. von einem gewissen Doctor Reyser ein eignes rechtliches Bedenken, worinn (vermuthlich für Brandenburg=An= spach) ausgeführt wird, daß das Salpetergraben zur hohen Territorialgerechtigkeit gehöre, wo sich der Ver= fasser

(g) Moser von der Landeshoheit in Ansehung Erbe und Wassers (1773.) S. 192. §. 6.

faſſer dieſes Bedenkens S. 379. unter andern haupt=
ſächlich darauf beziehet: "daß in allen Fürſtenthümern,
„beſonders auch in den beiden Fürſtenthümern Heſſen=
„Caſſel und Darmſtadt, wie auch dem angränzenden
„Churfürſtenthum Mainz, das Salpetergraben iure
„territorii den hohen Landesregenten zukomme; im=
„maſſen in eben der Abſicht des gemeinen Beſtens, und
„daß ſonderlich der Salpeter zu Präparation des Pul=
„vers angewandt werde, auch daher zur Defenſion
„des Landes und Anfüllung der Zeughäuſer und Fe=
„ſtungen diene, alle Unterthanen ſich des Salpetergra=
„bens entäuſſern, hingegen aber ohne Unterſchied, ſie
„ſeyen Adel oder Unadel, verſtatten müßten, daß der
„Salpeter in ihren Wohnungen und anderen beque=
„men Orten von den beſtellten Salpetergräbern auf ge=
„ſchehene Vorzeigung des ihnen ertheilten offenen Pa=
„tents geſucht, gegraben, und der Nothdurft nach
„angewandt werde.”

So mag auch wohl in Io. Nic. *Hert* oder des
Reſpondenten Io. Herm. *Staudacher* diſſ. *de regali
mineralium mediorum et infimorum iure,* vom Rechte
der Salpeter= und Steinkohlen=Gruben ꝛc. ſodann
Marmorbrüchen u. d. g., Gieſſ. 1705. (recuſ. Jen.
1738.) die Hauptabſicht geweſen ſeyn, die Regalität
des Salpeterweſens auszuführen, wie ſich die nähere
Veranlaſſung dazu aus etlichen darinn vorkommenden
Beziehungen auf ein marggräflich Brandenburg=An=
ſpachiſches Salpeter=Privilegium vom Jahre 1675.
und auf ein Bayreuthiſches von 1704. abnehmen läßt;
da dann übrigens aphor. 48. 49. in dieſer Schrift der
Hauptgrund zur Regalität des Salpeterweſens daher
genommen wird: quod puluis pyrius absque ſale nitro
confici nequeat, ideoque ipſae quoque fodinae nitra=

riae ad armandiae ius haud inconcinne referatur, inde-
que fluat, nulli, nifi qui fupremo belli aut armandiae
iure gaudet, fodinas nitrarias, quippe defenfioni pu-
blicae principaliter deftinatas, competere, reliquis au-
tem omnibus, qui excelfo hoc regali deftituuntur, iu-
fta ratione interdici.

Endlich ift in Henr. Laur. *Goeckel* diff. *de regali fodiendi nitrum*, Altorf 1740. die ganze Materie
ausführlich abgehandelt, und die Regalität des Sal-
peterwefens wegen deffen Gebrauchs in Verfertigung
des Pulvers von neuem behauptet, auch mit noch mehreren Beyfpielen von Sachfen-Coburg, Sachfen-Hild-
burghaufen, der Reichsftadt Nürnberg, und verfchiede-
nen Mitgliedern der Reichsritterfchaft beftärket worden.

Bey allem dem ift VI) klar, daß es für die Unterthanen nicht anders als die größte Beläftigung feyn
kann, wenn das Salpeter-Regal fo ausgeübet wird,
daß ein jeder Unterthan fich gefallen laffen muß, daß
Salpetergräber in fein Haus, Keller, Scheuer, Stal-
lung oder andere Gebäude kommen, und darinn krat-
zen, fcharren, und graben, wie fie es ihrem Zwecke
gemäß für nöthig halten; daß zu folchem Behuf das
Vieh fo lange aus den Ställen, oder was fonft im
Wege ift, weggefchafft werde; daß Mauern und Wände durch Abkratzung oder Untergrabung Gefahr laufen
Schaden zu leiden und hinfällig zu werden; daß Löcher
in Gebäuden und Grundftücken gegraben werden, ohne deren gehöriger Wiederzufüllung gefichert zu feyn;
und daß wohl gar noch überdies den Unterthanen die
Laft aufgebürdet wird, den Salpeterfiedern mit Dien-
ften, Fuhren und Lieferungen von Holz und Afche
u. f. w. behülflich zu feyn.

Mit

Mit Recht behauptet deswegen *Brunnemann* in *comm. ad Cod.* lib. II. tit. 6. L. 6. n. 3. p. 1248. als eine Schlußfolgerung ex L. 6. C. *de metallariis*, "Sub alienis aedibus cum earum periculo nec nitrum quaeri debere; ideoque nec hoc a principe concedi debere, qua de re reuersales litterae principum in prouinciis habentur."

So ist schon im Würtenbergischen Landtagsabschiede 1739. Num. 35. enthalten: "die Salpetersie= „der dahin anweisen zu lassen, daß sie beym Salpe= „tergraben den Unterthanen an ihren Häusern und Ge= „bäuden nicht muthwilliger Weise Schaden zufügen „sollen." Gleichwohl ist in den Würtenbergischen Lan= desbeschwerden 1764. claff. 5. num. 13. von neuem über Ercesse der Salpetersieder geklaget worden (h).

Und wenn gleich in dem darauf erfolgten Wür= tenbergischen Erbvergleiche 1770. claff. 4. §. 14. S. 104. die herzogliche Versicherung ertheilet worden: "solche Vorfälle auf jedesmaliges bey den ordentlichen „Instanzen oder herzoglichen Collegien beschehende An= „bringen sowohl quoad praeteritum als futurum gründ= „lich untersuchen und justitzmäßig entscheiden zu lassen;" so ist doch leicht zu ermessen, wie vielerley Ercesse von der Art dennoch geschehen können, ehe die darunter leidenden Unterthanen darüber förmlich klagen, und im Wege Rechtens Gnugthuung erlangen mögen. Daher es allerdings desto preiswürdiger ist, wenn in dem unmittelbar darauf folgenden §. 15. besagten Erb= vergleichs "zu desto mehrerer Bestätigung alles dessen „von

(h) Moser von der Landeshoheit in Ansehung Erde und Wassers S. 192. §. 6.

Ee 4

„von Sr. herzoglichen Durchlaucht die gnädigste Ver=
„sicherung beygefüget worden: daß Sie in Zukunft
„aller neuen Anstalten und Verfügungen, wodurch
„den Unterthanen eine vorher ungewöhnliche Last auf=
„gelegt wird, — sich gänzlich enthalten wollen.‟

Man mag auch den Excessen der Salpetersieder
durch noch so geschärfte Verordnungen und Anstalten
vorzubeugen suchen; so ist doch wohl nie mit Zuver=
sicht zu erwarten, daß Unterthanen dadurch ganz ge=
deckt und gesichert seyn sollten, wenn Leute von der
Art einmal berechtiget sind, mit herrschaftlichen Be=
fehlen bewaffnet, in Privathäuser oder andere Gebäu=
de der Unterthanen einzudringen. Selbst die vielerley
Verordnungen, die in jener an sich löblichen Absicht
in solchen Ländern, wo das Salpeterregal in Uebung
ist, schon häufig ertheilet worden, können vielmehr
zum Beweise dienen, wie vielerley Mißbräuchen die
Ausübung dieses Regals zur grossen Last der Unter=
thanen unterworfen seyn müsse. Denn eben aus sol=
chen Verordnungen ersiehet man, wie die geschärftesten
Befehle und Aufsichten nöthig befunden sind, um nur
von den Wänden nicht über zwey Zoll tief auf einmal
abzukratzen; um in Scheuern, Kellern, Schuppen,
Gewölbern, Schaaf= und andern Ställen nicht tie=
fer, als höchstens sechs Zoll, jedesmal die Erde aus=
zugraben; um von solchen Wänden, worauf ansehn=
liche Wohnhäuser oder andere Gebäude stehen, gar
keine Salpetererde abzukratzen; um auch innerhalb de=
rer Gebäude, woselbst Salpetererde gegraben wird,
den Füllmünden und Schwellen nicht zu nahe zu kom=
men, noch dem Gebäude Schaden zu thun, sondern
ein Viertel, auch, wenn Platz vorhanden, eine halbe
Elle vom Füllmund oder von der Schwelle abzublei=
ben;

ben; und um endlich auch dafür zu sorgen, daß nicht die Salpetersieder selbst oder durch die Ihrigen Geschenke nehmen, und sich bestechen lassen, um diesen oder jenen mit Abkratzung und Abholung der Erde zu verschonen, anderen hingegen, welche ihnen kein Geld oder sonstige Geschenke geben wollen, durch gar zu harte Abkratzung und Ausgrabung desto lästiger zu fallen u. s. w., wie von allem dem die Beyspiele nur in obgedachter Gegelischen Sammlung landesherrlicher Verordnungen S. 499. u. s. nachgesehen werden dürfen.

Sofern also nicht die höchste Noth eintritt, ein den Unterthanen so lästiges Regal einzuführen oder im Gange zu erhalten; so läßt sich kaum absehen, wie ein rechtlicher Bewegungsgrund zu einer so beschwerlichen Einschränkung der natürlichen Freyheit und selbst des Eigenthumsrechts der Unterthanen ausfündig gemacht werden könne.

Nun scheinet zwar VII) der einzige Umstand, daß das nach der heutigen Kriegsart zu Vertheidigung der Länder erforderliche Schießpulver nicht ohne Salpeter verfertiget werden kann, einen solchen Rechtsgrund an die Hand zu geben; wie er ohne Zweifel auch die Begründung dieses Regals in vielen Teutschen Ländern zuerst veranlasset haben mag, zumal da der Handel nach Ostindien in selbigen Zeiten noch nicht so häufig war, und also der Preis des Salpeters, wegen mangelnder Concurrenz der Verkäufer, sonst willkührlich gesteigert werden konnte.

Allein selbst in Ländern, wo ein beständiger Kriegsstaat unterhalten wird, und der Salpeter zu Verferti-

Ee 5 gung

gung des Pulvers als eine wahre Staatsbedürfniß angesehen werden kann, fällt doch nunmehr die Nothwendigkeit weg, darum die Unterthanen damit noch
auf eine so beschwerliche Art belästigen zu müssen, da
eines Theils, seit der so sehr ausgebreiteten Ostindischen
Handlung, an Salpeter, der aus anderen Welttheilen
gebracht wird, jetzt gar kein Mangel mehr ist, oder
andern Theils, wenn man dagegen zur überwiegenden
Maxime annimmt, das Geld nicht aus dem Lande
gehen zu lassen, dennoch allenfalls im Lande selbst durch
künstliche Vorrichtungen Salpeter gnug gewonnen werden kann, wie deswegen in Beckmanns Technologie
S. 318. schon die billige Anmerkung gemacht wird,
daß man sich endlich dieses Regals heutiges Tages
schämen sollte.

Es ist auch so weit gefehlt, daß das Salpeterwesen in ganz Teutschland ein Regal seyn sollte, daß
vielmehr selbst die Churbraunschweigischen Länder, ungeachtet der darinn obwaltenden beständigen Kriegs-
verfassung, zum Beyspiele dienen können, wie man
die natürliche Freyheit der Unterthanen des Salpeters
wegen daselbst ganz unbeschränkt lässet.

Oder wo auch zu künstlicher Gewinnung des Salpeters öffentliche Anstalten in einem Lande gemacht werden sollen, wie nach den neueren Belehrungen und
Erfahrungen obgedachte Pyramidenförmige Haufen
dazu am zweckmäßigsten sind, so kann auch davon die
Churbairische Verordnung vom 29. Dec. 1766. in
Gegels landesherrlichen Verordnungen 1. Th. S. 197.
zum Beyspiele dienen, wie allenfalls jede einzelne
Dörfer und Gemeinden angewiesen werden können,
dazu das Ihrige beyzutragen, ohne daß einzelne Un-
ter-

terthanen in ihrem Eigenthume so, wie es oben beschrieben ist, beläſtiget werden dürfen.

Wo vollends VIII) keine beſtändige Kriegsverfaſſung in einem Lande obwaltet, und alſo der von Vertheidigung des Landes und Bedürfniſſen der Feſtungen und Zeughäuſer herzunehmende Rechtsgrund wegfällt; folglich mit dem ganzen Salpeter=Regale es nur auf einen Vortheil der landesherrlichen Rentcammer angeſehen iſt; da läßt ſich ganz und gar kein rechtlicher Grund angeben, den Unterthanen damit irgend einige Laſt aufzubürden.

Der Vorwand, den Salpeter als etwas mineraliſches zum Regale zu machen, hat weder in der Natur des Salpeters, wie oben ſchon gezeiget worden, noch in der allgemeinen Teutſchen Verfaſſung ſeinen Grund, wie *Carpzov* part. 2. conſt. 53. def. 3. num. 6. ſchon ganz recht behauptet: "quod nitrariae, ſulphurariae aliorumque viliorum metallorum fodinae inter regalia non ſint computandae, nec domino ſuperiori vel principi cedant, ſed horum vſus cuique priuato in fundo ſuo commiſſus ſit; und wie auf gleiche Art Pet. *Heigius* quaeſt. 13. n. 40., nachdem er eben von Salzwerken als Regalien etwas gedacht hat, darauf fortfährt: "An et nitrum iſtuc aggregabimus? Non puto; attamen colligendo nitro formam ſpecialem dare principem poſſe exiſtimo."

Es hat zwar IX) der kaiſerliche Reichshofrath in einem über die innerlichen Unruhen des Stifts Baſel ergangenen Erkenntniſſe vom 10. Jan. 1736. unter andern auch von Salpetergraben Erwehnung gethan, und dabey in einer Parentheſe als einen Bewegungsgrund

grund einer deshalb erlassenen Verordnung angeführt: "um dieses fürstliche Regal nicht ganz unnütz machen „zu lassen." Es ist aber ohne Zweifel dabey schon als bekannt vorausgesetzt worden, daß einmal nach der Landesverfassung des Stifts Basel dieses Regal daselbst statt finde. Wenigstens dürfte es schwerlich der Absicht dieses höchsten Reichsgerichts gemäß seyn, wann man daraus folgern wollte: "daß der Reichshofrath „selbst das Salpetergraben auf der Unterthanen Grund „und Boden für ein landesherrliches Regal erkannt „habe, und daß es auch in ganz Teutschland dafür „gehalten werde," wie sich Moser von der Landeshoheit über Erde und Wasser S. 192. §. 7. ausgedrückt hat.

Es ist vielmehr sehr glaublich, daß diejenigen, die bisher das Salpeterwesen unter die Zahl der Regalien gerechnet, entweder von der wahren Beschaffenheit der Sache nicht unterrichtet gewesen, oder nur nach dem, was in einigen Teutschen Ländern beobachtet wird, ins allgemeine geurtheilet haben, und daß nur auf solche Art manche Schriftsteller, unter andern zur Regalität gezogenen Mineralien, ohne sehr darüber nachzudenken, auch den Salpeter mit hingehen lassen, zumal wenn es ohnedem etwa Schriftsteller sind, die mehr Neigung für als wider die Regalität blicken lassen.

So schreibt z. B. Jargow von den Regalien lib. 2. cap. 3. §. 8. p. 502.: "Ob indistincte alle Metalle, oder nur Gold- und Silbergruben ad regalia „gehören, darüber sind die Gelehrten nicht eins. „Wesenbec. lib. 1. consil. 45. n. 24. rechnet nur die „Gold- und Silbergruben ad regalia. Allein weil „den Ständen des Reichs alle Metallgruben zustehen, „und

„und unter dem Worte Metall nicht nur allerhand Ar=
„ten Erz, Kupfer, Zinn, Meßing, Bley ꝛc. sondern
„auch allerley Steine, als Edelgesteine, allerhand Far=
„ben, Schwefel, Alaun, Salpeter, Zinnober, Agt=
„stein, Mastich, Steinkohlen, Schiefer, Marmel,
„Thon, Kalk u. s. w. verstanden werden, vid. Goed-
„daeus ad L. 17. D. de verb. sign.; so sollte ich mey=
„nen, daß einem Landesherrn auch diese Arten Me=
„talle zukommen, und daher ad regalia gerechnet wer=
„den müßten ꝛc.” Wer wollte aber solche in folle hin=
geschriebene Meynungen als Beweise einer so weit aus=
sehenden Regalität gelten lassen?

Selbst in Cramers Wetzlarischen Nebenstunden
21. Th. S. 106. u. f. wird "die hohe Befugniß, Sal=
„peter auf der Unterthanen Gütern scharren und gra=
„ben zu lassen,” als etwas "auf der reichskundigen No=
„torietät beruhendes” erwehnet, ohne weitern Beweis,
als obgedachte Stelle aus *Klock de aerario* und die
Göckelische Dissertation de regali fodiendi nitrum da=
bey anzuführen. Und doch ist das in gedachten Cra=
merischen Nebenstunden an eben der Stelle einge=
rückte mandatum de desistendo etc. vom 19. Jul. 1682.
selbst wider das Hochstift Bamberg und dessen Salpe=
tergräber ergangen.

Wo auch endlich X) in benachbarten Ländern das
Salpetergraben als ein landesherrliches Regal würk=
lich in Uebung ist; da kann deswegen doch von einem
Lande auf das andere kein rechtlicher Schluß gemacht
werden, zumal wenn es Länder sind, von denen man
mit *Ludolf* in *Symphor. consult. for.* tom. 1. p. 360.
sq. sagen kann: quod modo magis herili regantur,
welche ein Landesfürst, dem vielmehr die wahre Wohl=
                                                    fahrt

fahrt des Landes angelegen ist, ohnedem nicht gern
zum Muster wehlen wird. Alsdann kann ein solcher
Unterschied zwischen benachbarten Ländern selbst den
grossen Nutzen haben, einem jeden desto begreiflicher
und fühlbarer zu machen, wie man in einem Lande,
wo weniger Regalitätsgrundsätze herrschen, ungleich
glücklicher lebt, als in anderen.

Alles zusammen genommen stimmt also dahin
überein:

> Daß ein Landesherr in einem Lande,
> wo das Salpeter = Regal noch nicht im
> Gange ist, dasselbe mit Belästigung sei=
> ner Unterthanen einzuführen nicht be=
> rechtiget sey.

Göttingen den 22 Jan. 1780.

Johann Stephan Pütter.

III.

III.

Vom Handel
mit
Osnabrückischem Leinen.

Das Osnabrücker Leinen geht vornehmlich nach den Spanischen Indien, nach der Küste von Afrika, und überhaupt nach solchen Ländern, wo die Wolle, wegen der Hitze, nicht getragen werden kann. Der Admiral Anson hat bemerket, daß es den Wilden unter dem Namen von Axbrix-Leinen bekannt ist.

Eine lange Zeit sind die Holländer in Besitz des Vortheils gewesen, dieses Leinen nach Spanien zu führen, und es unter Spanischem Namen nach Indien zu senden. Weil sie aber die Kaufleute, welche ihnen das Leinen in Commißion schickten, auf allerley Weise hinhielten, oftmals solches schon eingeschifft und verkauft hatten, wenn sie den Osnabrückern das Gegentheil meldeten, solchergestalt das Geld in Händen behielten, und zuletzt gar betrogen, so wandte sich der Handel der mächtigsten Kaufleute auf London, und der schwächeren nach Bremen.

Die Engländer schicken es wiederum sobann auf Cadix oder Lissabon, und lassen es unter Spanischem Namen und Flagge nach den Spanischen Indien abgehen. Die Bremer thun ein gleiches, jedoch schicken sie das mehreste auf London, weil sie für die Englischen

schen Waaren, beynahe keine andere Waaren, als das Osnabrücker Leinen zurück senden können; solchergestalt daß sich auch in Bremen, vor dem Kriege, der Englische Wechselcours mehrentheils darnach richtete, ob viel oder wenig Leinen nach England abgeschickt wurde.

Solchergestalt wird denn der Handel mit Leinen, er mag über England, Holland oder Hamburg oder Bremen gehn, eigentlich zwischen einem Comtoir in Cadix oder Lissabon, und den Indianischen Unterthanen der Spanier und Portugiesen getrieben.

Weil aber der Spanier so wenig als der Portugiese für eigene Rechnung handelt, sondern seinen Namen und sein Haus einem Engländer, Holländer, Hamburger, Bremer oder Osnabrücker vermiethet; woher denn in Lissabon und Cadix alle Häuser, fremde Comtoirs sind; so ist es gleich viel, ob man sagt, dieser Handel werde zwischen England u. s. w. und Indien, oder zwischen Spanien und ihren Indianern geführet.

Es ist aber leicht zu ermessen, daß, da der Osnabrückische Kaufmann mit wenigem Vortheil an einen Bremer; dieser wiederum an einen Engländer; und der Engländer über Cadix nach Indien handeln kann; daß, sage ich, derjenige, welcher es von Osnabrück gerade auf Cadix oder Lissabon senden könte, den Vortheil der Bremer und Engländer zugleich geniessen würde, folglich bey der directen Handlung der größte Vortheil seyn müste. Man kann diesen Unterschied wenigstens auf 50. p. C. rechnen.

Die

Die Schwierigkeiten bey dem directen Handel sind:

1. die Unterhaltung eines Comptoirs und der dazu gehörigen Bedienten, welches ein Engländer, weil er mehr Produkte nach Spanien schickt, leichter thun kann als ein Bremer oder Osnabrücker, der beynahe nichts anders als Leinwand abzuschicken, und folglich alle Kosten auf diesen einzigen Punkt zu schlagen hat;

2. die Gefahr zur See, weil es aus Cadix und Lissabon für Rechnung und auf Gefahr des Eigenthümers abgeht;

3. ein Correspondent in den Spanischen oder Portugiesischen Indien, welcher es in Empfang nimt und dort verkauft;

4. der Verkauf der Waare, welche dagegen aus Indien wieder zurück komt, indem mit gleichem Vortheil kein baares Geld daher gezogen werden kann.

Der Engländer hebt diese Schwierigkeiten vollkommen, indem er, wie gesagt, wegen vieler anderen Waaren doch ein Comptoir in Spanien und Portugall hat; viele Frachten daraus nach Indien schickt, dort seine Correspondenten hat, und die zurückkommende Waare mit eben der Bequemlichkeit in Spanien wieder verkaufen, oder aber nach England oder andern Hafen verfahren kann.

Der Bremer, welcher viel Toback, Rosinen, Weine und andere Spanische Waaren zurück nehmen kann, hat mehrentheils gleichen Vortheil, und empfängt aus dem Verkauf des Tobacks, der Rosinen, des Oels 2c. seine Bezahlung für das hingesandte Leinen.

Ff   Dies

Dies macht eine Zeit von etwa drey Jahren, welche in so fern der Handlung vortheilhaft ist, daß kleine Krämer, die ihre Auslagen nicht drey Jahr entbehren können, davon zurück bleiben müssen; und folglich den Handel nicht verderben können.

Die Osnabrücker, welche bisher auf Lissabon gehandelt haben, können jedoch einigermaaßen diesen Vortheil auch gewinnen, wenn sie einen guten und getreuen Spediteur, dergleichen sich unter den Teutschen, die sich in Cadix und Lissabon niedergelaßen haben, verschiedene finden, erlangen, folglich durch denselben ihre Leinen nach Indien abschicken und darüber correspondiren, demnächst aber die zurückkommende Waaren an ihre Commißionairs in Bremen oder Hamburg gehen, und daselbst verkaufen lassen. Dieses geschiehet wenig. Aber Gefahr und Handlung bleibt allemal für die Rechnung des Eigenthümers, und dieser kann den Vortheil ziehen, der sonst in dreyen Händen bleibet.

Das allervortheilhafteste, aber auch gefährlichste ist jedoch, das Leinen für eigene Rechnung nach Curaſſao mit Holländischen Schiffen abgehen, und von dort aus, mittelst des Schleich-Handels, den Spanischen Indianern diese Waaren zuführen zu lassen.

Die Bereitung des Leinens im Lande geschiehet auf eine solche Art, daß die Irrländische, und überhaupt keine einzige Fabrike dagegen aufkommen kann. Denn da es von dem Wirth, seiner Frau, seinen Kindern und Gesinde blos in den Zwischenräumen ihrer Feld-Arbeiten gemacht wird; so kann es ihnen nicht darauf ankommen, ob sie einige Jahre ihre Zeit völlig um-

umsonst geben. Anderwärts sind diese leeren Stunden ohnedem verlohren. Das Gesinde muß gehalten werden; und die Kosten bleiben eben dieselben, das Gesinde mag arbeiten oder schlafen. Dergleichen Vorfälle aber kann eine Fabrike nicht aushalten; und es würde ein grosser Kaufmann seyn müssen, der seine Arbeiter einige Jahre umsonst bezahlen, und allemal einige Jahre auf gute Preise warten könte. Man schätzt das Leinen, was im Stift Osnabrück gemacht wird, auf 1½ Millionen Thaler. Wenn 10000 Menschen daran arbeiten: so wagt jeder nur ein Capital von 150 Rthlr. und dieses nicht einmal, wenn die Hälfte des Capitals ex fructibus industrialibus bestehet, die ohnedem verlohren seyn würden.

Es scheinet überdem die ganze Einrichtung von Westphalen, dieser Arbeit günstiger als anderwärts zu seyn. Eine Wirthinn z. E. kann bey ihrem Heerde sitzen, auf drey Thüren, auf ihren Topf, auf ihr Vieh zu beyden Seiten, auf ihre Kinder und ihr Gesinde im Hause achten, und doch beständig die Hand am Spinnrocken haben, welches nirgends geschehen kann, wo der Landmann in Stuben sitzt, und alle obige Arten von Aufsichten mit besonderen Gängen verrichten muß; welche sie müde machen, Zeit wegnehmen, und des Abends früher zu schlafen nöthigen. Der Flachs kann mit kalten Fingern gesponnen werden, wohingegen Wolle eine warme Stube erfordert.

In dem größten Theil der Hannöverschen Lande wird alles aus der zweyten Hand genommen und wieder in die zweyte Hand verkauft; Bremen und Hamburg sind Absatz= und Vorraths=Kammer, ungeachtet beyde Orte kein eigenes Produkt haben, und was sie

'empfan=

empfangen, nur nach andern Orten verschicken. Viele
hiesige Kaufleute gehen sogar nach der Braunschwei-
ger Messe; wohin doch alles durch die zweyte Hand
kommt; dort hält ihnen der Hamburger, Bremer und
Leipziger Kaufmann den Markt, und zwar natürlicher
Weise noch höher als zu Hause. Der einzige Vortheil
ist, mehrere Waaren auf einer Reise und auf einmal
zu finden, und aussuchen zu können. Wenn sie dagegen die Sächsischen Fabrik-Waaren, welche von Gör-
litz, Zittau, Lauban u. s. w. durch die Fabrikanten
selbst, also durch die erste Hand, nach Leipzig kommen, von Leipzig; die Englischen Sachen, welche
von Exon und andern Orten, durch Hamburger Hän-
de dahin kommen, aus Schottland; der Bremer ihre
Spanischen und Französischen Waaren aus der Quelle,
und zumalen durch Umsatz kommen liessen; so würden
sie gewiß 30 p. C. gewinnen. Die Französischen Weine kommen jetzt von Bourdeaux gerade zu bis auf 3
Stunden von Quackenbrück im Osnabrückschen, und
man würde sich dort sehr bedenken, etwas von Bremen zu nehmen.

Was noch seltsamer ist, so werden jetzt keine andere Tücher, als die in Achen, Verviers, Eupen, ꝛc.
verfertiget sind, getragen. Diese gehen vom Nieder-
rhein nach Leipzig oder Braunschweig, und von da in
hiesige Lande. Ja diese jetzt genannten Fabriken erhalten alle ihre Wolle aus Holland, wohin die Spanier, welche damit würklich verlegen sind, und solche
lange ausbieten müssen, solche in Commißion schicken.
Der Holländer verursachet dem Spanier für Provision,
Packhaus-Häuer, Mäkeler-Courtage, Del Credere,
Assecuranz, und Entbehrung seines Geldes, 15. p. C.
Un-

Unkosten (*). Der Spanier erhält Leinen und andere Waaren in Bezahlung, worauf er wieder so viel verlieret. Und gleichwohl können Fabriken bey diesen Umwegen bestehen, welches denn wohl nothwendig von dem Käufer ersetzet werden muß.

An Toback wird gewis sehr viel in hiesigen Landen verbraucht. Allein ich zweifle sehr, daß irgend ein Kaufmann oder Arbeiter in hiesigen Landen, ihn aus Maryland oder auch nur aus England kommen lasse. Die Bremer und Hamburger ziehen also den größten Vortheil, und müssen ihn nothwendig ziehen, weil ich selbst mehrmalen mit interessiret gewesen bin, wann Osnabrückische Kaufleute einige Schiff-Ladungen gekaufet, und in Bremen ausgeschiffet, aber allemal dort so gleich bey der Ausladung mit einem sehr billigen Vortheil verkaufet haben. Ein Vortheil, der nicht geringe seyn konnte, weil der Rape, der in Osnabrück gemacht wird, noch auf Leipzig geschicket werden kann. — Dergleichen Fehler lassen sich aber vom Landesherrn nicht wohl ändern; sondern dazu werden reiche und verständige Kaufleute erfodert, die etwas mit Klugheit wagen können und wagen wollen.

(*) Der Handel mit Spanischer Wolle, welcher ehemals die hier angeführten Vortheile den Holländern würklich geleistet hat, hat in neuern Zeiten eine andere Wendung erhalten, wobey der Holländer jetzt fast nichts weiter, als die Fracht gewinnet. S. Anleitung zur Technologie; zwote Ausgabe S. 38.

IV.

IV.
Amsterdamer Getreidepreise
in
der letzten Hälfte des vorigen Jahrhunderts.

Das Getreide wird in Amsterdam nach Last verkauft, und 13 Last rechnet man auf 12 Last in Hamburg, welches also einen Unterschied von 8⅓ Prozent ausmacht.

Behandelt wird das Getreide nach Goldgulden (Gfl.), deren einer 28 Stüver hat.

Jahr.	Weitzen.		Rocken.	
1646	125		82	
1647	140 bis 200		84 bis 105	
1648	180 — 260		108 bis 124	
1649	190 — 224		140 — 145	
1650	208 — 234		128 — 185	
1651	199 — 234		169 — 181	
1652	232 — 250		156 — 185	
1653	238 — 170			116
1654	140 — 166		98 — 100	
1655	130 — 152		68 — 95	
1656	140 — 170		110 — 114	
1657				96
1658	140 — 144			85
1677	148 — 170		100 — 112	
1692	108 — 132		100 — 150	

Jahr

Jahr.	Weißen	Rocken
1693 - -	145 — 175	- - 116 — 135
1695 - -	134 — 178	- - 75 — 105
1697 - -	150 — 200	- - 117 — 136
1698 - -	180 — 230	- - 160 — 260

In den Jahren 1698 und 1699 war das Getreide ungewöhnlich theuer; denn den 1 Octob. des letzt
genanten Jahrs galt die Last Polenschen Weißens
236 bis 276 Gfl. und der Preußische Rocken 176 bis
200 Gfl. Den 13 Marz 1700 machte der Rath in
Amsterdam die Veranstaltung, daß den Bäckern der
Rocken für 150 Gfl. die Last geliefert werden konte;
aber bald darauf fiel der Preis wiederum dergestalt,
daß er den 1 Octob. desselbigen Jahrs für Weißen 125
bis 155 und für Rocken 78 bis 100 Gfl. war.

Amsterdamer Getreidepreise
des jetzigen Jahrhunderts.

Diese Preise sind von einem der vornehmsten Amsterdamer Korn-Mäkler verzeichnet worden, ausgenommen diejenigen, welchen ein Sternchen vorgesetzt
ist, und diese sind in den benanten Jahren die nie-
drigsten gewesen.

Wenn hinter den Preisen des Rockens ein D steht,
so ist Danziger, sonst aber allemal Preußischer zu
verstehn.

Im Jahre 1775 ist vom 15 Marz bis d. 15 Jun.
kein Zeeländischer Weißen auf dem Amsterdamer Markt
gewesen, wenigstens nicht so viel, daß sich ein Preis
hätte bestimmen lassen.

Jahr.

Jahr.	Rocken Preußischer	Weißen Polnischer
1701 d. 1 Octob.	60 - 78 — —	90-122
1702 — —	56 - 70 — —	86-114
1703 — —	60 - 80 — —	85-128
1704 — —	58 - 77 — —	95-125
1705 — —	58 - 77 — —	91-122
1706 — —	56 - 69 — —	90-115
1707 — —	56 - 70 — —	88-118
1708 — —	77 - 95 — —	108-138
1709 — —	204 - 240 —	242-326
1710 — —	128 - 152 —	145-225
1711 — —	83 - 101 —	146-164
1712 — —	78 - 93 — —	130-148
1713 — —	84 - 96 — —	135-160
1714 — —	95 - 110 —	157-177
1715 — —	74 - 92 — —	94-134
1716 — —	70 - 94 — —	104-135
1717 — —	74 - 87 — —	97-125
1718 — —	73 - 83 — —	106-126
1719 — —	85 - 95 — —	100-114
1720 — —	76 - 82 — —	92-100
1721 — —	57 - 70 — —	92-112
1722 — —	47 - 60 — —	82-104
1723 — —	57 - 68 — —	92-120
1724 — —	77 - 86 — —	97-121
1725 — —	82 - 92 — —	116-130
1726 — —	74 - 92 — —	98-128
1727 — —	82 - 95 — —	94-118
1728 — —	64 - 78 — —	90-110-78
1729 — —	61 - 75 — —	100-110
1730 — —	48 - 56-60 —	78- 98-109
1731 — —	53 - 60-64 —	77- 97-111
1732 — —	48 - 55-57 —	70- 81-96
1733 — —	54 - 59-61 —	74- 86-98
1734 — —	72 - 78-81 —	100-110-124
1735 — —	62 - 70-72 —	96-112-125
1736 — —	74 - 81-84 —	96-106-116
1737 — —	62 - 72-75 —	108-116-130
1738 — —	62 - 71-74 —	106-112-122
1739 — —	68 - 75-77 —	104-114-124
1740 — —	105 -119-123 —	188-207-242

Jahr.

Jahr.	Rocken Preußischer	Weitzen Polnischer
1741 — —	106 -118-122—	156-180-208
1742 — —	60 - 80-82 —	94-114-134
1743 d. 31 Octob.	70 —	120
1744 Septemb.	64 —	111
1745 d. 1 Octob.	74 —	114
1746 —	86 —	136
1747 August —	109 —	155
— October	94 —	142
1748 —	94 —	141-152
1749 —	80 —	140-143
1750 August	73 —	133
1751 October	79 —	128
1752 —	77 D —	128
1753 October	70 - 71 — —	124-128
1754 —	70 —	106
1755 d. 31 October	80 —	116
1756 Jul.	87 —	112
— Octob.	152 —	152
— Novemb.	136 —	143
1757 —	128 —	160
1758 September	101 —	140
— November	109 -113 D.	151
1759 October	78 —	137
1760 —	79 —	121
1761 September	76 —	132
1762 —	98 —	136
1763 October	84 D. —	128
1764 d. 25 Sept.	82 —	134
1765 d. 1 Octob.	80 - 91 —	134-166
1766 Marz	94 -103 —	138-158
— October	94 -103 —	156-170
1767 Marz	85 - 95 —	146-162
— November	75 - 92 —	172-210
1768 Julius	82 - 96 —	194-220 Weitzen
— November	98 -108 —	196-210 Zeeländisch.
— December	100 -113 —	188-204 . 20
1769 Marz	114 -122 —	186-208 . 186
— Julius	80 - 94 —	144-166 . 170
— December	84 - 94 —	138-160 . 154
1770 Marz	81 - 91 —	128-145 . 144

Jahr.	Rocken Preußischer	Weißen Polnischer.	Zeel.
1770 August	94 -104 —	138-152 -	166
— October	130 -140 —	150-174 -	190
— December	120 -131 —	145-162 -	176
1771 Februar	134 -144 —	162-175 -	188
— April	146 -152 —	160-175 -	178
— October	180 -200 —	180-206 -	220
— November	196 -206 —	192-210 -	225
— December	198 -214 —	195-222 -	230
1772 Januar	210 -236 —	- 218 -	250
— April	140 -208 —	178-214 -	-
— August	168 -138 —	190-230 -	-
— December	158 -152 —	182-210 -	236
1773 Februar	140 -150 —	185-220 -	230
— Junius	110 -134 —	184-215 -	235
— August	90 -114 —	176-202 -	234
— December	84 -112 —	180-200 -	206
1774 Januar	80 -110 —	175-200 -	196
— May	70 - 88 —	172-192 -	200
— September	102 -114 —	188-200 -	216
— December	108 -118 —	158-200 -	-
1775 Februar	105 -118 —	154-198 -	-
— Junius	118 -128 —	160-200 -	-
— August	114 -125 —	168-202 -	-
— December	105 -120 —	152-192 -	156
1776 Februar	106 -120 —	150-192 -	164
— May	100 -116 —	140-170 -	150
— Julius	90 -104 —	132-164 -	150
— September	76 - 98 —	128-162 -	150
— October	86 -104 —	130-164 -	150
— December	76 - 98 —	120-156 -	146
1777 Marz	74 - 94 —	122-150 -	146
— May	64 - 88 —	110-140 -	140
— Junius	60 - 78 —	100-135 -	-
— Julius	80 - 98 —	115-155 -	165

V.

V.

Amsterdamer Schiffpreise.

Im Jahre 1770 ward in Amsterdam ein Kaufarthey-
schiff nach Art einer Fregatte gebauet. Es war
auf dem Kiel lang 115 Schuh, von der Vordersteven
bis zur Hintersteve 120 Schuh, die Queerbalken (Breite des Schifs) hielten 34 Schuh. Es trug ungefähr
180 bis 190 Last, und kostete auf dem Meer, das ist,
mit dem Proviant auf einige Monathe, 54,000 Gulden.

Im Jahre 1773 ward ein anderes Schiff gebauet, welches von der Vordersteven bis zur Hintersteve
100 Schuh hielt, dessen Queerbalken 29 Schuh, die
Tiefe 13 Schuh betrug, und 130 bis 140 Last fassete.

Davon kostete das Gebäude selbst -	15900 Fl.
Kahn und Schaluppe kosteten -	383 —
Dem Bildhauer - - -	155 —
Dem Tischler - - -	586 —
Dem Maler, Bleygiesser u. a. -	900 —
Dem Schmied - - -	2890 —
Dem Eisenhändler - -	550 —
Die Masten - - -	1198 —
Das Thauwerk - - -	5500 —
Die Segel - - -	3095 —
Blocke u. d. - - -	400 —
Kanonen, Anker u. dergl. -	3000 —
	34457 Fl.

In eben diesem Jahre kaufte eine Gesellschaft eine
Flüte (Fluit schip), welches 136 Schuh lang war,
für

für 49,000 Fl. Dieses Lastschiff hatte bereits eine Reise nach Archangel gemacht, ward mit 307 Last Rocken befrachtet, und verlangte ungefähr 30 Mann Besatzung.

Im Jahre 1774 kaufte eine Gesellschaft einen Hucker (Hoeker), der 132 Schuh lang war, dessen Querbalken 29 Schuh 8 Zoll, und dessen Tiefe 14 Schuh 2 Zoll war. Dieses Fahrzeug war im J. 1773 zu Saardam neu erbauet worden, hatte schon eine Farth nach Riga gethan, und ward mit 47700 Gulden bezahlt.

VI.

VI.
Holzanbau im Heßischen.

Verzeichniß, wie viel seit dem Jahre 1764 bis mit 1773 an öden Trischern in den Waldungen, mit Eicheln, Tannen, Fichten, Kiefern, Lerchen, und allerley Arten Laubholz besamet ist.

Die Zeile A nennet die Forstmeisterey; B giebt die Anzahl der besamten Aecker an, wobey der Acker zu 150 Quadratruthen gerechnet ist. C und D enthalten die Zahl der Pflänzlinge, und zwar C der Eichen und D der verschiedenen übrigen Arten. E zeigt die Summe aller wachsenden Bäume, welche Stück für Stück im ganzen Lande gezählt sind.

A	B	C	D	E
Reinhardtswald –	200½	88362	11964	100326
Habichtswald –	406½	44932	97636	142568
Söhre (*) – –	157¼	20751	16400	37151
Spangenberg – –	130½	31548	9926	41474
Herßfeld – – –	454¼	7485	131451	138936
Schmalkalben –	1017½	31	8446	8477
Marburg – –	560¼	43867	89643	133510
Homb. u. Graff. Ziegenhain	379½	65846	142603	208449
Schwarzenfels – –	65¼	2040	29091	31131
Schaumburg – –	128½	75501	38027	113528
Sooden – – –	12	1159	21433	22592
Im J. 1773. ist auf der Forstmeisterey Herßfeld, Schmalten, Marburg, Homberg, Schwarzenfels, Schaumburg und Sooden gepflanzet und besamet – –	73¼	3754	34564	38318
Summa bis 1773	3585½	385276	631184	1016460

(*) vielleicht im Seerwalde. S. Engelhard Erbbeschr. von Heffen I. S. 183.

Hier

A	B	C	D	E
Hierzu gehört noch, was vom J. 1764 bis mit 1778 in den nächsten Forsten um Cassel und Weissenstein, an Lerchen, Weymouthskiefern, Eichen, Eschen, Ulmen, Ahorn u. d. angebauet ist, imgleichen die grossen Ulmen, welche Hr. Oberförster Reichmeyer vom Casseler Walle seit d. 19 Jan. 1768 bis May 1769 weggenommen, und zur Weissensteiner Allee verpflanzt hat, wie auch die übrigen um Cassel angelegten Alleen. Alles dieses beträgt zusammen –	$138\frac{1}{2}$			28396
Summa	3724			1044856

In den Jahren, welche keinen Samen, also auch keinen Anflug geben, werden viele 100 Pfund Nadelholz und anderer Arten Saamen ausser Lande angekauft und ausgesäet. Im Jahre 1778 wurden ausgesäet 968 Pfund Fichten, 1074 Pfund Kiefern, 4 Pf. Lerchen, 1 Pf. Pinaster, $1\frac{1}{2}$ Pf. Weymouthskiefern, 5 Metzen Ahorn und 10 Metzen Heinbüchen Saamen. Im J. 1779 sind ausgesäet worden 2374 Pfund Fichten, 1994 Pfund Kiefern, $3\frac{3}{4}$ Pf. Lerchen und $2\frac{1}{2}$ Pf. Weymouthskiefer. Alle diese Anpflanzungen sind von dem erfahrnen und fleißigen Herrn Oberförster Joh. Chr. Reichmeyer besorgt worden, und stehen unter dessen genauer Aufsicht.

VII.

VII.
Neue Maschine zum Bohren der Kanonen.

Herr Obristlieutenant und Hofkammerrath von Forstner, eben derjenige, welcher den kostbaren Wasserthurm in Nymphenburg bey München wiederhergestellet und verbessert hat, hat diese Bohrmaschine nach seiner Erfindung auf Churfürstliche Kosten angelegt. Sie verdient eine ausführliche Beschreibung, aber noch zur Zeit kan ich von ihr nur folgende kurze Nachricht liefern. Die Maschine hält nur 3 Französische Fuß in der Höhe, und 24 in der Länge; sie bewürkt eine doppelte Centralbewegung nach entgegengesetzter Richtung, indem sich nicht nur der Bohrer in der Mündung der Kanone umdrehet, sondern auch die Kanone selbst um den Bohrer, wie ein Rad um seine Are, getrieben wird; eine kühne Einrichtung, die vielleicht niemand bisher hat wagen mögen, weil man bey der Geschwindigkeit der Bewegung und der Schwere der Kanone zu viele Schwierichkeiten befürchtet hat. In Wien und Berlin macht die Bohrmaschine nur eine einfache Bewegung, und die äussere Verzierungen der Kanone müssen auf einer andern Maschine erst wieder besonders abgedrehet werden, welches nicht nur doppelte Zeit und Mühe, sondern auch doppelte Maschinen erfodert. Jene Maschine ist dergestalt eingerichtet, daß die geradeste Linie des Calibers und die Bohrstange in gleicher unverrückter Bewegung erhalten wird. Obgleich die Lage der Maschine wasserrecht ist, so werden die Bohrspähne doch von selbst ausgestoßen. In eben der Zeit, da der Caliber der Kanone gebohrt wird, kann auch der Künstler die

äusse-

äuſſeren Reifen und Verzierungen abdrehet. Noch
zur Zeit ruhet das ganze Werk nur auf einem eichenen
Geſtelle, welches durch eine ſo gewaltſame Bewegung
vieles Zittern und endlich eine Abweichung von der
wagerechten Linie verurſachen wird. Mit geringen
Koſten hätte das Geſtell aus Quaterſtücken erbauet
werden können. Zur Probe der Genauigkeit wurden
zwey auf dieſer Maſchine gebohrte Regimentsſtücke zu
unterſt an der Seele abgeſchnitten, und ungeachtet der
doppelten Bewegung doch die genaueſte gerade Linie
mit einem dazu verfertigten Lineal erwieſen. Es können auch auf dieſer Maſchine eben ſo gut 24 und 36
pfündige, als dreypfündige Regimentsſtücke gebohrt
werden. Beyde Schildzapfen werden auf einer neben
der Maſchine ſtehenden Bank, zu gleicher Zeit abgedrehet; wobey das genaueſte Ebenmaaß der Winkel-
ſchnitte und Peripherien erhalten wird. (Von ähnlichen Maſchinen habe ich eine kleine Nachricht gegeben, in meinen Anmerkungen zu Juſti Abhandlung
von Manufakturen und Fabriken S. 306. Bisher hat man die Bohrmaſchine zu Straßburg, welche
von einem Kanonengieſſer, namens Mariz angelegt
iſt, für die vollkommenſte gehalten; aber ſie wird nie-
manden gezeigt, und ihre Einrichtung iſt alſo nicht
vollſtändig bekant).

VIII.

VIII.

Von

den Landes = Einkünften des Schwedischen Pommern.

Aufgesetzt ums Jahr 1769.

Man vergleiche hiemit des H. Büschings Magazin II S. 370, wo die Staatseinkünfte aus Pommern vom Jahre 1753 kurz specificirt sind.

Man kan die Landes=Einkünfte in zwo Hauptklassen unterscheiden: 1) in die, welche aus des Landesherrn Eigenthum und Regalien entstehen; 2) die, welche von dem Eigenthume der Unterthanen, als Abgaben entrichtet werden.

Zu der ersten Art gehören erstlich die Domainen= Gefälle aus den königlichen Aemtern. Obgleich die Domainen den dritten Theil des ganzen Landes ausmachen, so verringert doch die Verpfändung des größten Theils derselben, die Einkünfte gar sehr. Im Jahre 1733 betrugen sie etwa nur 10,600 Rthlr. Inzwischen sind doch die Einkünfte bey Verlängerung der Pfand=Contracte durch die bedungenen Surplus= Gelder vermehrt worden. Die Brauerey=Hebungen gehn in den Aemtern an 800 Rthlr. Zweytens die Holz= und Jagd=Gefälle, welche aber bey dem jetzigen Zustande der Kron=Waldungen nicht erheblich sind. Drittens die Straf=Gefälle von den königlichen Gerichten. Viertens Charta sigillata. Dieses Regal haben die Stände für 1250 Rthlr. gepachtet, und das

G g   im

im Lande verkaufte Papier wird ihnen berechnet. Fünftens Abzug-Gelder von denen, die aus dem Lande ziehen, imgleichen die Loskauf-Gelder der königl. Unterthanen.

Die zwote Art der Landeseinkünfte entstehet aus den Abgaben der Unterthanen, die unter dem Namen der Contributionen und Steuern von liegenden Gründen, vom Gewerbe der Unpossessionirten, von Eß- und Trinkwaaren, und von allem, was im Lande consumirt wird, aber unter dem Namen des Zolles und des Licents von dem zu Lande und Wasser ein- und ausgehenden Waaren entrichtet werden müssen. Die Contributionen und Steuern sind entweder ausserordentliche, die zur Zeit der Noth, oder auf Erheischung besonderer Vorfälle, ausgeschrieben werden, und zuweilen von den gewöhnlichen abstimmig sind; als Kopf-Steuern, Vermögen-Steuern, Vieh-Steuren u. a. mehr. Oder sie sind ordentliche, deren Grösse, Zweck und contribuendi modus durch die Landesverträge und Ordnungen bestimt ist. Den modum contribuendi haben die Landesherren so wohl bey ausserordentlichen als ordentlichen Steuern den Ständen überlassen, wenn nur das Contributionsmäßige Quantum entrichtet wird. Man hat von jeher den Hufen- und Häuser-Anschlag für den üblichsten modum angesehn. So ward im Jahre 1680 das ganze Land zu 5000 reducirten Hufen, deren jede zu drey Landhufen gerechnet, und jede Hufe einem Vollhaus oder Erbe in Städten gleich geschätzt ward, gerechnet. Ward davon eine Contribution ausgeschrieben, so übernahmen die eine Hälfte die Ritterschaft und die königlichen Aemter, die andere aber die Städte mit ihren Landereyen, welches nach der Dimidia steuren hies; und

als-

alsdann machte jeder Theil seine Repartition. Dieß
Hufen-Quantum aber ist seit dem Frieden 1720 um
ein grosses verringert; indessen ist der Steueranschlag
nach den Hufen, zu welcher ein jeder steht, geblieben.

Die ausserordentlichen so wohl als die ordentlichen
Steuren können in allgemeine und besondere einge-
theilt werden. Allgemeine Steuren gehen über das
platte Land und über die Städte; besondere entweder
über die Städte allein, oder allein über das platte Land.
Wie aber von allen Steuren die Ritter-Hufen frey sind,
und auch in den königlichen Aemtern und Ländereyen
der Commünen Freyhufen sind; so sind auch, die Ex-
mirten in den Städten von ihren Häusern so wenig,
als für ihre Personen Contribution zu leisten schuldig.
S. den Haupt-Com. Receß von 1681.

Die allgemeinen Steuren, zu welchen alle
Contribuenten unter der Ritterschaft, königlichen Aemtern und Städten so wohl in als extra moenia beyzutragen haben, sind nach jetziger Verfassung unter den
ausserordentlichen und ordentlichen: 1.) die Reichs-
Steuren, welche theils auf gemeinem Rath der Teutschen Reichsstände an kayserl. Maj. bewilliget worden,
und hier im Lande, nach vorgängiger Ueberlegung mit
den Land-Ständen auch in diesem Reichsfürstenthume
ausgeschrieben worden; theils ein ausgemachtes jähr-
liches praestandum sind. Von der ersten Art sind die
Römer-Monathe; von der zweyten die Kammer-Zie-
ler zur Salarirung des Reichs-Kammer-Gerichts.
Obgleich dieses Land jetzt das priuilegium absolutum
de non appellando hat, so nimt es doch an diesem prae-
stando Theil, weil, wegen dieses Landes der König
von Schweden als Herzog von Pommern in seinem

turno

turno im Obersächsischen Kreyse das jus nominandi zu
einer Kammer-Gerichts-Assessoren Stelle hat. 2) die
Kreys-Steuern, die zur Bestreitung der Geschäfte
des Obersächsischen Kreises vom directorio auferlegt
worden, nach dem Augsburgischen Reichs-Tags-Ab-
schiede von 1555 und 1582. 3) die Tribunal-
Steuer zum Unterhalte dieses Gerichts. Dazu werden von jeder reducirten Hufe alle Vierteljahr 38 Lschl.
in neuen Zweybrittel-Stücken beygebracht. 4) Ein alter Titel allgemeiner Steuern ist die Wolfs-Steuer
zu Belohnungen und andern Kosten für Tilgung der
Wölfe im Lande. 5) der Titel der Universitäts-
Zinsen ist bis zum Einfall des Kriegs 1712 ein Titel
einer allgemeinen Steuer. Es gewann nämlich die Aka-
demie 1670 durch eine königl. Resolution Carl XI die
Steuer-Freyheit für das Amt Eldena. Dawider
machten die Stände, als wider eine Veränderung des
Steuer-Catassri, Bewegung. Hierüber kam es 1673
zu einem Vergleich unter königl. Bestätigung, daß das
Amt Eldena fernerhin steuern solte, daß aber die Stände zur Sublevation 5000 Rthlr. herschiessen, oder jährlich verzinsen solten. Diese Zinsen wurden durch eine
Steuer beygebracht, bis der genante Krieg einfiel,
da man einhielt. Die Universität hat die Sache klag-
bar gemacht, und sie steht jetzt zum Urtheil beym Tri-
bunal. 6) Allgemeine Staats-Defecten, werden
im Falle der Noth durch allgemeine Steuern abgehol-
fen. 7) Auch wird durch solche das extraordinaire
Magazin-Korn herbey geschaft, wenn auf eine Zeitlang der Kriegsstaat erweitert wird.

Die besonderen Steuern von den Städten
haben durch Conventionen neuerer Zeiten ihre Einrichtung erhalten, und sind die besonderen Steuern vom
platten

platten Lande keine Prägravationen eines Theils vor
dem andern, sondern moderirte Vertheilungen gemeiner Landes-onerum auf einem Fusse, der bey gemeiner
Ueberlegung für den Staat und für jeden Theil der
Contribuenten der zuträglichste geachtet worden. Zu
den Städtischen gehören: 1) die Trank- und
Scheffelsteuer oder die Accise in natura. Diese ward
zu fürstlichen Zeiten als ein ausserordentliches Mittel,
die fürstliche Kammer zu subleviren und die Schulden
zu tilgen, auf eine Zeitlang angenommen. Sie ward
1633 einer ordentlichen Trank- und Scheffel-Steu-
er-Ordnung unterworfen, und bestand in einer Ab-
gift von allen fremden Trink-Waaren und von dem
zur Mühle gebrachten Getreide, und zwar wie eine allgemeine Steuer so wohl des platten Landes als der
Städte. Zu Schwedischen Zeiten hieß sie gleichfals
anfänglich eine ausserordentliche Steuer auf eine bestimte Zeit, und ward 1669 auf fünf Jahre als ein
Beytrag zum Unterhalt der Festungen und Garnisonen
im Lande verglichen. Da man aber nachher für diesen
Beytrag keinen andern Ausweg wuste, ward sie bald
eine beständige Steuer; jedoch mit der im Jahre
1672 beliebten Veränderung, daß sie in natura nur
in den Städten entrichtet, aber anstat der mit vielen
Ungemächlichkeiten verknüpften Accise in natura auf
dem platten Lande, eine Quartal- und Personen-
Steuer surrogirt seyn solte. Diese Einrichtung ist
bisher fortgesetzt worden, ausser daß man vor 1720
die Accise zuweilen verpachtet hat. Wie diese Steuer
in den Städten in natura entrichtet werden müsse, be-
lehren die Trank- und Scheffel-Steuer-Ordnungen vom
J. 1669, 1705 und 1721. Im Jahre 1733 trug
die Accise und Quartal-Steuer 35,386 Rthlr. 2) Die
Consumtions-Steuer von allem, was in die Städ-

te

te gebracht und darin verbraucht oder zum Verkaufe gehalten wird; als Getreide, Vieh, Victualien und alle Kaufmanns-Waaren. Dieselbe ist aufs neue im Jahre 1734 anstat der ordinairen Hufe- oder Häuser-Steuer der Städte intra moenia, da ein Haus oder volles Erbe jährlich 14 Rthlr, so wie die contribuablen Hufen auf dem platten Lande, steuren mußten, eingeführet. Die Bedingungen dabey, die Art der Einrichtung und die von allen Waaren bestimten Abgiften sind aus der renovirten Consumtions-Steuer-Ordnung vom 3 May 1734 zu ersehen. 3) Der Städte-Urbaren. Diese sind ein altes Regal der Pommerschen Fürsten, welches die Städte jährlich von den ältesten Zeiten her, entweder zur Recognition für das ihn verliehene städtische Recht, oder für die Jurisdiction ertheilen müssen. An einigen Orten hat sie der Junker-Thaler geheissen. Diese Steuer trägt etwa 125 Rthlr. Was übrigens an Steuren dem städtischen catastro intra moenia auferlegt wird, und nicht zu den vorigen allgemeinen Contributionen gehöret, wird zum gemeinen städtischen Behuf nach Vorkommenheiten gefodert, nicht aber als Abgiften an den Landes-Herrn.

Die Particulair-Steuren des platten Landes, so wohl unter der Ritterschaft und andern Eigenthümern, als den königl. Aemtern sind: 1) die ordinaire Hufen-Steuer, als ein Landes-Contingent zum Unterhalt des Staats, die dadurch particulair geworden, daß in den Städten stat ihrer die Consumtions-Steuer eingeführt ist. Sie heißt sonst auch die Vierzehn Thaler Steuer, als so viel von jeder reducirten Hufe der jährliche Anschlag war. Derselbe ist auch zum Grunde geblieben, doch ist das Magazin-Korn damit zusammen geschlagen, und jede contribuatribuable Hufe steuret jährlich 8 Thaler an Gelde, so in gewissen Terminen erlegt wird, und 12 Scheffel Magazin-Rocken. Diese Steuer wird von den contribuablen Hufen unter der Ritterschaft, den königlichen Aemtern und den städtischen Kämmereyen beygebracht. 2) Der Neben-Modus ist eine Personen-Steuer, welche die Unpossessionirten auf dem platten Lande zur Sublevation der Pessessionirten entrichten müssen, und die auch in den königlichen Aemtern entrichtet wird. Sie wird durch besondere Patente für die ritterschaftliche und städtische Ländereyen, und für die königl. Aemter ausgeschrieben, und jedesmal eine Taxe der Personen allerley Art und ihrer Handthierungen beygefügt. 3) Die Quartal-Steuer, welche stat der Accise in natura von den Bewohnern des platten Landes, nach einer fest gesetzten Personen-Taxe, mit Rücksicht auf ihre Haushaltungen, entrichtet wird. Darüber disponiren die verglichenen Accis- und Personen-Steuer-Ordnung von 1672 und die Quartal-Steuer-Ordnung und Taxe von 1692. Hiezu gehört auch die so genante *Sexta*-Steuer, welche eine Erhöhung der persönlichen Quartal-Abgiften auf den 6ten Theil zur Ausmachung einer mehrern Proportion dieser Personen-Steuer gegen die Tränk- und Scheffel-Steuer in den Städten ist. 4) Die Servicen sind ein nach der Stände Convention von 1730 vom platten Lande abzutragender Geld-Beytrag zu den Real-Servicen und Einquartirungs-Geldern, die auf den Hufen nach der Repartition des Land-Kasten-Mandatarii quartaliter ausgeschrieben wird. 5) Die Septima. Sie ist eine Zulage des siebenten Pfennings zu den Landes-Steuren, die zum Behuf des platten Landes und ihrer besondern exsolvendorum z. E. Defrajirung der Landes-Deputirten zu Landtagen u. s. w.

ver-

verwilliget worden. Zu den speciellen und ausserordentlichen exsolvendis des ritterschaftlichen corporis,
dem Fräulein-Kloster in Barth u. a. m. ergehen von
der königl. Regierung, auf Ansuchen der Stände,
verschiedene ausserordentliche Steuer-Ausschreibungen.

Die Zölle sind entweder Land- oder Wasser-
Zölle, welche letztere Licenten heissen, und beyde sind
ihren besondern Ordnungen unterworfen. Die Licenten sind in neuern Zeiten mit Extra-Licenten erhöhet.
Alle zu Wasser ein- und ausgehende Waaren sind mit
denselben, nach gewissen Prozent-Abgiften belegt, es
sey denn, daß sie blos von einer Pommerschen Stadt
zur andern gehen, oder mit Schwedischen und Finni-
schen Schiffen ankommen, die beym Ausgehn Licent
bezahlt haben. Die neueste Licent-Ordnung ist vom
Jahr 1734.

Die Einhebung der vorher erzählten Landes-
Einkünfte geschiehet nicht auf einerley Art. So werden die königlichen Aemter-Intraden bey den Amts-
Hauptleuten eingebracht. Alle Landescontributionen
nach Hufen und Häusern heben die dazu gesetzten Di-
stricts-Collecteurs ein. Das Magazin-Korn hebt
der Proviant-Meister, und zur Einnahme der Licenten, Accise, Consumtionen und Zölle sind bey jedem Ober-Inspectoren, Inspectoren, Control-
leurs, Visiteurs, Paß- und Thorschreiber gesetzet.

Für diese Abgiften und Hebungen ist ein perpe-
tuum executoriale und wird, auf den Fall der Ver-
säumung des ordinairen, oder durch königliche Regie-
rungs-Patente gesetzten termini und bemerkten De-
fecten, die Execution so fort an die Collecteuren abgeschickt,

schickt, die Restanten-Zettel abzufodern, und zu exe-
quiren. Bey den Licenten und übrigen Collecturen
der Waaren-Steuern, ist den Contraventionen so wohl
der Steurenden, als der Einheber durch scharfe Verordnungen und gesetzte Strafen vorzubeugen gesucht.

Alle vorbenante Landes-Einkünfte fliessen und
werden von den Untereinnehmern abgeliefert, entweder
an das separirte aerarium principis, oder an das aerarium
provinciale. Jenes ist die königl. Kammer, dieses
der Landkasten.

Die Kammer ist das Staats- und ökonomische
Collegium, unter dessen Aufsicht das Finanz-Wesen
des Landes stehet, so daß es die Verbesserung und Er-
sparung der Einkünfte des Landes-Herrn beobachtet,
die darüber vorhandenen Acten fleißig hält, Rechnun-
gen aufnimt, und aus den Einkünften die Abgaben
bestimmet, und entrichten läßt. Das Praesidium
führt der General-Gouverneur. Ein Kammer-Rath
und ein Ober-Kämmerer, der zugleich Ober-Licent-
Inspector ist, haben die hauptsächliche Verwaltung
mit Revisionen, Repartitionen u. s. w. Der Land-
Rent-Meister ist der Caßirer, und hat seine Renterey-
Schreiber. Von ihm werden die Gelder eingehoben,
und auf Befehl der Kammer ausgezahlt. Zur Corre-
spondenz und Expedition der Verabscheidungen auf die
einkommenden Memorialien wird ein Kammer-Secre-
tair gehalten. Die Kammer steht mit ihrer ganzen
Administration unmittelbar unter dem K. Kammer-Col-
legio in Stockholm, deren Staats-Comtoir und der
Kammer-Revision. Von diesen hohen Reichs-Col-
legiis wird auch der Pommersche Staat jährlich formiret, nachdem die Land-Stände durch die königl.
Regierung darüber gehöret sind.

Der

Der Land-Kasten ist das gemeine Aerarium, in welches alle eigentliche Landes-Contributionen einfliessen, und woraus das verglichene Landes-Contingent zum Unterhalt des Staats, und die übrigen Landes-Expensen bestritten werden. Die Einrichtung ist uralt, und gründet sich auf wohl hergebrachte Privilegien der Landstände. Die Einnahme und Ausgabe, so wie alle Berechnungen beym Landkasten sind einem besondern mandatario anvertrauet, der von den Ständen gesetzet, beeidigt und besoldet wird. Die eigentliche Administration führen drey Obereinnehmer, ein Regierungs-Rath, einer von den ritterschaftlichen Landräthen und einer von den städtischen. Der Regierungsrath führet das Directorium. Diesem leget der Mandatarius Rechnung ab. Die Visitation und Revision verwalten zu gewissen Zeiten Deputirte der k. Regierung und der Stände. Was dem Obereinnehmer und dem mandatario obliegt, bestimmet die Landkasten-Ordnung von 1672. Der Landesherr hat auf den Landkasten keine weitere Ansprache, als auf das Landescontingent.

Die öffentlichen Landes-Ausgaben sind so wohl ausserordentliche, als ordentliche, und es wird hauptsächlich darunter begriffen, was zum Unterhalt des Landes in seinem ganzen Staats-Wesen erfodert wird. Dieses zu übersehen, wird jährlich der Staat formirt, das heißt, die gesetzten Einkünfte werden unter dem Titel des Ordinati, und die Ausgaben unter dem Titel des Requisiti aufgeführt.

Er-

Ertrag einiger öffentlichen Einkünfte von
Schwedisch-Pommern im Jahre 1765.

An Licent - -	14820 Rthlr.	14 S.
— Accise - -	11704 —	$17\frac{3}{4}$ —
— Consumtionssteuer	16284 —	39 —
— Zoll - -	2632 —	$8\frac{1}{4}$ —
Quartal-Accise vom platten Lande - - -	15873 —	$25\frac{1}{8}$ —
	61315 Rthlr.	$8\frac{1}{8}$ —

IX.

IX.
Verordnung
zur Verbesserung
der

Pferde = Zucht

in den
Herzogthümern Schleswig und Holstein,
nebst der
Herrschaft Pinneberg und Grafschaft Ranzau.

Die Pferdezucht ist seit zehn Jahren im Holsteinischen
ungemein gefallen, und da man sonst daselbst den
Pferdehandel ausschliessend zu haben glaubte, so hat
man hingegen, bey dem letzten Kriege zwischen Oester-
reich und Preussen, erkant, daß die Hannoveraner
furchtbare Mitbewerber geworden sind. Man hoffet
inzwischen, daß diese Verordnung den Schaden ersetzen werde, wenn man nur Mittel finden kan, den
Landmann zur regelmäßigen Wartung der Füllen
anzuhalten. Bey der letzten Besichtigung soll, wie
mir zuverläßig versichert ist, in der ganzen Herrschaft Pinneberg, kein einziger tüchtiger Hengst gefunden seyn. Man vergleiche hiemit Verordnung,
wie es im Fürstenthum Ostfriesland zur Besserung
der Pferdezucht mit den Beschelern soll gehalten werden, vom 3 Marz 1755, woraus ein Auszug in
Bergius Cameral = Magazin VIII S. 305 gegeben ist.

Wir Christian der Siebende, thun kund hiemit,
    wie Wir in Erfahrung gebracht, wasgestalt
die Pferdezucht in Unseren Herzogthümern Schleswig
und

und Holstein, nebst Unserer Herrschaft Pinneberg und
Grasschaft Ranzau, zwar hin und wieder sich in gu=
tem Stande befinde, und daselbst einen vortheilhaften
Handelszweig ausmache, daß aber gleichwohl in man=
chen dortigen Gegenden besonders über Mangel an
solchen auserlesenen Beschälern, die für Bezahlung
zum allgemeinen Gebrauch gehalten werden, nicht ohne
Grund geklaget werde.

Damit nun dem hieraus zu besorgenden Nach=
theil bey Zeiten vorgebeuget werde, und diejenigen Un=
serer getreuen Unterthanen, welchen etwa mit vortheil=
hafter Anschaffung und Haltung vorzüglich guter, zur
Bedeckung der ihnen von anderen zugeführten Stüten
tauglicher Beschäler gedienet seyn könnte, sich hiezu
desto williger finden lassen mögen; haben Wir nicht
nur eine Aussetzung jährlicher Prämien allergnädigst
gutgefunden, sondern auch zum nachrichtlichen Unter=
richt derer, welche diese Vortheile zu genießen wün=
schen, nachstehende, zu einem solchen Beschäler erfor=
derliche Eigenschaften hiedurch näher bekannt machen
und zugleich verstatten wollen, daß, obzwar in Unse=
rer Verordnung vom 23 December v. J. die Pferde=
zucht in den Provinzen Unsers Königreichs Dännemark
betreffend, festgesetzt worden, daß daselbst kein Hengst
unter fünf Jahren zum Beschäler gebraucht werden sol=
le; dennoch aus bewegenden Ursachen, und da die
Erfahrung gelehrt hat, daß in Unsern Herzogthü=
mern die Pferde um ein merkliches früher zu ihrem völ=
ligen Wachsthum und Kräften gelangen, die dort zum
Beschälen bestimte Hengste, so bald sie das vierte
Jahr vollendet haben, zu solchem Gebrauch angewandt
werden mögen.

§. I.

§. 1.

Solchemnach ist vornemlich darauf zu sehen, daß

1.) Ein solcher Hengst nicht unter 4 und nicht über 15 Jahr alt, und

2.) Nicht weniger als 5 dänische Fuß 2 Zoll, nach gewöhnlichem Anleg-Maaß, ohne Eisen, hoch sey. So muß solcher auch

3.) Einen kleinen magern Kopf, und nicht starke Kinnbacken haben, auch der Kopf nicht unter der Stirne eingebogen, sondern daselbst nach Art der Schafsnasen erhoben seyn.

4.) Die Ohren müssen klein, weder zu lang noch zu breit, und damit sie nicht unterwärts hängen mögen, unten am Kopfe, wo sie sich ansetzen, nicht zu weit von einander seyn, noch mit den Spitzen gegen einander gerichtet stehen.

5.) Die Augen müssen nicht zu klein seyn, noch zu tief im Kopfe liegen, sondern mit demselben gleich stehen, auch groß und helle seyn.

Sollte aber ein solcher Hengst durch äusserliche Zufälle ein Auge verloren, oder eine Verletzung daran erlitten haben, darf er darum als Beschäler nicht verworfen werden.

6.) Der Hals muß nicht zu kurz, sondern wohl gerichtet, nicht unterwärts, wie ein Hirschhals gebogen seyn, noch oben an der Mähne nach der Seite hängen, mithin kein Speckhals seyn, sondern in einer ebenen Krümmung von dem Widerrist oder den Schultern nach dem Kopfe gehen, oben zu immer schmaler werden und sich in einer Rundung bey dem Kinnbacken endigen.

7.) Die

7.) Die Bruft muß nicht zu schmal seyn, sondern mit der Höhe des Hengstes eine verhältnismäßige Breite haben.

8.) Der Rücken muß nicht eingebogen, sondern gerade, die Schultern scharf, und vorne nicht niedriger als hinten, auch

9.) Das Kreuz weder niederhängen, noch scharf seyn, und die Hüften nicht hochstehen oder hervorragen. So muß auch

10.) Der Schweif nicht zu niedrig sitzen, und der Hengst wohl bey Leibe und ja nicht dünn und aufgeschürzet seyn.

11.) Die Vorderbeine müssen grade stehen und weder einwärts gegen einander gebogen, noch vor- oder rückwärts gekrümmet, auch dabey stark und nicht gar zu fein und dünne, imgleichen

12.) Die Füsse weder ein- noch auswärts gewandt, auch der Huf von allem, was platt- voll- oder eng-hufig genannt wird, befreyet seyn.

13.) Daß besonders auch die Hinterbeine gut sind, ist nicht minder von Wichtigkeit, auch müssen die Lenden breit seyn, der Schenkel oder Hinterbeigel nicht zu weit hintenausstehen, und die Kniekehlen weder ein- noch auswärts gehen; als welches das Pferd Kuhhäßig macht. Dabey muß es von allen Arten des Spats, von der Galle und von Haßbein frey, auch die Hinterbeine überhaupt nicht fein und zu lang gefesselt, noch daran eine Plattfüßigkeit anzutreffen seyn:

§. 2.

Zu den, im vorhergehenden §. erforderten und genau zu beobachtenden guten Eigenschaften gehöret

ans

annoch die Befreyung von allen sonstigen Mängeln
und Schwachheiten, als so genannter Düsigkeit, Kol-
ler, Engbrüstigkeit u. s. w. weil selbige auf die Ab-
kömmlinge fortgepflanzet werden, und folglich die Beschäler verwerflich machen; daher dann auch ein damit
behafteter Hengst nicht zum Beschälen tüchtig erkant
und gebraucht werden soll.

§. 3.

Und damit Unsere landesväterliche Absicht desto
gewisser erreichet werden möge, wollen Wir annoch
und befehlen hiedurch allergnädigst, daß unter Unsern
Cavallerie-Officiers vier der besten Pferdekenner, und
zwar zwey derselben in dem Herzogthum Schleswig
und zwey in dem Herzogthum Holstein ꝛc. jährlich und
zugleich mit dem Oberbeamten jedes Amts-Districts
daselbst eine Untersuchung, wie die zum Beschälen
für Bezahlung bestimte Hengste beschaffen seyn, sorgfältig anstellen, und der von Uns in Unserer Residenz-
Stadt allergnädigst angeordneten Direction der Land-
Stutereyen davon, mittelst einer über alle ihnen vor-
gewiesene Hengste zu verfertigenden Liste, worin genau
anzuführen, wie weit solche die im 1sten und 2ten §
berührten Eigenschaften an sich haben oder nicht, Be-
richt abstatten sollen.

§. 4.

Diese jährliche Besichtigung soll den 1sten Jul.
und zwar zum ersten mahl in dem jetzt eingetretenen
1779sten Jahre den Anfang nehmen, und innerhalb
solchen Monats geendiget seyn. In dieser Hinsicht
haben die Oberbeamten und vorgedachte Commissarien
(welche letztere, wenn sie sich ausserhalb ihres Woh-
nungs-

nungsorts Tagelang dieserwegen aufhalten müssen, die
sonst gewöhnlichen Diäten zu erwarten) über den Ort
oder die Oerter und den Tag, an welchen die in jedem
Amte zum allgemeinen Gebrauch bestimmten Beschäler
zu versammlen seyn, sich zu vereinbaren. Und wenn
sie an den ihnen vorgezeigten Hengsten die erwehnten
Eigenschaften wahrgenommen und solche für tüchtige
Beschäler erkannt haben, soll selbigen, ausser des Eigenthümers eigenem unveränderlichen Brennzeichen,
ohne welches die von Uns allergnädigst ausgesetzte Prämie nicht zu erwarten ist, annoch das für ein jedes Amt
bestimmte Brennzeichen, welches der Oberbeamte für
dasselbe verfertigen läßt, aufgedrucket werden.

§. 5.

Die Eigner solcher Beschäler, welche mit den
in dem vorhergehenden 1sten und 2ten §. beschriebenen
oder doch mit den daselbst gedachten vorzüglich wichtigen Eigenschaften und den eben vorgeschriebenen Brenn-
Zeichen versehen sind, und die durch an Eides-Statt
ausgestellte, von dem Oberbeamten beglaubigte Zeug-
nisse derjenigen Personen, die ihre Stuten von diesen
approbirten Hengsten haben bedecken lassen, erweislich
machen, daß ein jeder von selbigen jährlich wenigstens
15 Stuten, die von ihm Füllen gebohren, bedecket habe, sollen, so lange sie solche Hengste zum allgemeinen
Gebrauch halten, für jeden derselben, nach dem Grade seiner Vollkommenheiten, eine Prämie von 10 bis
20 Reichsthl. jährlich zu geniessen haben.

§. 6.

Ein einmahl approbirter und eingebrannter Beschäler darf, bevor solcher 15 Jahre alt geworden, oh-

ne

Hh

ne Vorwiſſen und Genehmigung des Oberbeamten und der beyden Commiſſarien, von dem Eigenthümer nicht veräuſſert oder verkauft werden.

Indeſſen iſt ſolche Genehmigung auf den Fall nicht zu verſagen, wenn zur Beſichtigungszeit ein völlig eben ſo guter Beſchäler, zur Approbation und zum Einbrennen, von den Eigenthümern herbey geſchaffet und ferner gehalten wird, für welchen denn obgedachte Prämie gleichfalls ſtatt haben ſoll.

Auch das Sterben eines ſolchen einmahl appro-birten Hengſtes iſt dem Oberbeamten ſogleich anzuzei-gen und zu beſcheinigen. Der Preis für den jedesma-ligen Gebrauch eines ſolchen Hengſtes wird zwar der eigenen Verabredung beiderſeitiger Pferdeeigenthümer überlaſſen, doch kann ſolcher, in Betrachtung des von beſſeren Füllen in der Folge zu erwartenden gröſſeren Vortheils, gern etwas höher als bisher, angeſchlagen werden. Und obgleich die Zuzucht auch ſolcher junger Hengſtfüllen, die ſich nicht zu guten Beſchälern anlaſ-ſen, jedem Eigenthümer nach wie vor freyſtehet, um damit nach Gefallen Handel zu treiben oder ſich derſel-ben zum Ackerbau zu bedienen; ſo ſind ſolche doch nicht anders als allein oder neben Wallachen auf die Weide zu ſchicken, damit ſie den mit den approbirten Hengſten verabzielten Zweck nicht vereiteln.

§. 7.

Weil übrigens in den Marſchgegenden, der häu-figen Erfahrung nach, ſehr viele von den vorhin nahm-haft gemachten weſentlichen Vorzügen der Pferde ſel-ten, vorhanden zu ſeyn, oder doch nach und nach aus-

zuarten

zuarten pflegen, so wollen Wir zwar diese Gegenden
an vorgedachte Anordnung eben nicht binden, sondern
es daselbst genug seyn lassen, daß, nöthigen Falls,
auch von Obrigkeits wegen, für Anschaffung tauglicher
Beschäler in genugsamer Anzahl gesorgt werde; indessen werden Wir es jeder dieser Gegenden, die sich mit
ausgezeichneter Verbesserung der Art ihrer Pferde auf
eine vorzügliche Weise hervorthut, und solches hin-
länglich bescheiniget, an thätiger Beyhülfe und Belohnung nicht fehlen lassen. Wie Wir Uns dann auch
zu den adelichen Gutsbesitzern und anderen privilegirten
Land-Eigenthümern und ihrem billig zu erwartenden
Eifer für das allgemeine und eigene Beste dazu versehen, sie werden diese Vorschrift, als eine belehrende
und nützliche Einrichtung, so viel thunlich, in ihrem
Bezirke zur Anwendung bringen, und dadurch jede
weitere Verfügung dieser Art, für sie unnöthig machen.

Wornach ein jeder, den es angeht, sich zu achten
hat. Urkundlich unter Unserm Königl. Handzeichen
und vorgedruckten Insiegel. Gegeben auf Unserer
Königl. Residenz Christiansburg zu Copenhagen den
13ten Jan. 1779.

Christian R.

Hh 2   X.

X.

Von Verfertigung der bunten Papiere.

Die Kunst bunte Papiere zu machen, ist zwar schon seit vielen Jahren in Nürnberg und Augsburg getrieben worden, aber Herr Breitkopf in Leipzig hat sie zu einer Vollkommenheit gebracht, die man bewundern muß. Seiner Freundschaft habe ich ein vollständiges Sortiment aller Arten, nebst dem Preisverzeichniß, wornach sie in dem Gewölbe der neuerrichteten Spielcharten-Fabrike zu Leipzig verkauft werden, zu danken. Letzteres will ich hier einrücken.

No.		Rthl.	Gr.	Pf.
I. 1 Rieß fein Taffet-Pappier, Register		4	—	—
= = = = Median		5	—	—
II. 1 Rieß fein gefärbtes Papp. geglätt. = =		3	—	—
= ord. Farben-Pappier = =		2	—	—
III. 1 Rieß ord. getuschtes Pappier, mit Aschgrau				
= = und braunen Grund, Register		3	—	—
= = mit couleurten Grund = =		3	12	—
IV. 1 Rieß fein mobulirt Pappier, auf couleur-				
= = ten Grund, Register		5	—	—
V. 1 Rieß fein gesprengtes, auf couleurten				
= = Grund, Register		5	—	—
= = = = Median		6	—	—
1 Rieß Franz-Pappier, Register		2	20	—
VI. 1 Rieß fein türkisch Pappier, ord. Register		4	8	—
= . = = ditto fein Register		4	18	—
= = = ditto ord. Median		6	—	—
VII. 1 Rieß fein marmorirt Pappier zu Tapeten,				
= = auf Post Schr. Papp. Register		6	—	—
= ditto auf Post Schr. Papp. Median		7	16	—
1 Rieß ditto auf couleurten Grund, Register		5	16	—
= ditto auf couleurt. Grund, Median		7	—	—
VIII. 1 Rieß fein marmor. Atlas Papp. Register		6	—	—
= ditto ditto gr. Real, zu Tapeten, à Buch —			16	—

IX.

No.		Rthl.	Gr.	Pf.

IX. 1 Rieß fein marmorirt Pappier, auf mo=
= = dulirten Grund, Register 6 — —
X. 1 Rieß fein gezogenes Pappier, durch alle
= = Couleuren, feinen Farben und
= = Muster, Register 5 12 —
= = = = Median 8 — —
XI. 1 Rieß ditto auf couleurt. Grund, Register 5 12 —
= = = = Median 8 — —
XII. 1 Rieß ord. gezogenes, ord. Format, 3 — —
XIII. 1 Rieß fein Cattun=Pappier, gr. Register 4 — —
XIV. 1 Rieß ord. ditto gr. Register 3 — —
XV. Einbände zu Büchern.
  a) 1 Buch feine zu Folio — 12 —
  b) 1 = = zu Median 4to, — 16 —
  c) 1 = = zu Register 4to, — 12 —
  d) 1 = = ditto mit Gold illuminirt, 1 — —
  e) 1 = = zu Register 4to, marmor. — 16 —
  f) 1 = ord. zu Register 4to, = = — 8 —
  g) 1 = feine zu groß 8vo, = = 1 — —
  h) 1 = = zu klein 8vo, = = — 20 —
  i) 1 = = zu 12mo Calender 1 8 —
XVI. Extra feine Zeichnungs=Pappen
  1 Dutzt. groß Real=Pappen 2 — —
  1 = Median = = 1 12 —
  1 = Register = = 1 — —
  1 = ord. Schreibe Papp. Format. — 18 —

Von der Bereitung des so genanten türkischen
Papiers, welches, ungeachtet des Beynamens, eine
teutsche Erfindung ist, hat man in verschiedenen Bü=
chern Nachricht; aber sie weichen zum Theil sehr von
einander ab, und lassen daher manche Zweifel übrig,
und von den neuern Erfindungen fehlen dergleichen,
so viel ich weis, noch gänzlich. Ich erbath mir daher
von H. Breitkopf einige Belehrungen, und erhielt die
Erlaubniß, solche hier bekant machen zu dürfen.

Man

Man macht ein Wasser von Gummitragant, das wohl gesätigt ist, und thut solches in ein hölzernes oder blechernes Gesäß, welches die Form des Papier-Bogens hat, aber etwas grösser ist. In dieses Wasser tröpfelt man die mit Wasser abgeriebenen und mit Ochsengalle vermischten Farben, die das Papier haben soll, dergestalt bald neben einander, bald in einander, daß die Zeichnung entstehen könne, welche auf dem Papiere erscheinen soll. Zu Marmorarten mit grossen Flecken, wird ein Tropfen auf den andern gesetzt, da denn der neue Tropfen den ersten aus einander treibt und vergrössert. Bey Marmor mit Adern werden die Farben mit einem Holze oder Federkiel in Adern gezogen; bey andern Arten, z. E. bey den so genanten Türkischen, werden sie mit Kämmen in die Figuren gezogen, die man verlangt; sollen weisse Flecke auf dem Papier erscheinen, so wird Rindsgalle hineingesprützt, welche die Farben von der Stelle wegtreibt, wohin sie fält, und sie wieder an einander bringt, da sie vorhin sich ausgebreitet hatten. Alsdann wird der Bogen Papier trocken darauf gelegt und etwas aufgedruckt, wieder abgenommen, auf Pappe gelegt, und in einer Maschine auf Latten gestellet, wo in den Rämchen das übrige Tragantwasser in untergesetzte Gefässe abläuft, alsdann aufgehenket, getrocknet, und zuletzt auf einer hölzernen Platte geglättet.

Einfärbige Papiere werden nicht auf solche Art gemacht. Die gemeinen werden mit dem Pinsel aufgetragen und gefärbt, und diese kommen von Nürnberg und Augsburg so wohlfeil, daß sie niemand wohlfeiler machen kan; sie sind aber alle nur einseitig gefärbt. Die welche auf beyden Seiten gefärbt sind, haben die Papiermacher schon eine Zeitlang geliefert, welche die
baum-

baumwollenen rothen und blauen Lumpen samlen, und
dadurch rothes und blaues Papier machen; andere fär-
ben die Bütte, und liefern dadurch farbiges Papier,
welches aber alles nur blas ist, weil der Zeug nur
schwer Farben annimt.   Aus dem blauen Zuckerpa-
piere haben die Holländer bisher ein Geheimniß gemacht, und viele Papiermacher in Teutschland haben
sich bemühet, es nachzumachen, aber mit wenigem
Glücke (¹).   Die andern blauen feinen Holländischen
Papiere werden sicher ausser der Bütte gefärbt, so wie
man auch in Dresden auf diese Art feine gefärbte Papiere von allerley Farbe verfertigt (²).

   Allen diesen mislichen und langweiligen Hand-
griffen auszuweichen, und ein farbichtes Papier zu machen, das keinen Pinselstrich sehen läßt, und auf beyden Seiten gleich schön ist, hat H. Breitkopf einen
Weg gesucht, die Papiere auf Färber-Art zu behan-
deln.   Eine Menge von vergeblichen Versuchen, die
kostbar genug gewesen sind, so wohl in Behandlung
der Farben, welche das Papier anzunehmen geneigt
ist, als auch in Behandlung des Papiers, haben es
endlich so weit gebracht, daß er es sehr rein und als
einen schönen Taffet liefern kan, so wohl Druck- als
Schreibpapier; welches letztere viel mehr Versuche nö-
          Hh 4   thig

(¹) Es sind selbst in Holland nur wenige Familien, wel-
     chen die Bereitung bekant ist. Als diese vor einigen
     Jahren besorgten, die teutschen Versuche möchten
     glücken, so setzten sie den Preis dieses Papiers auf
     einige Zeit herunter.

(²) Auch das so genante Pergamentpapier gehört zu den
     gemeinen Arten der einseitig angestrichenen Papiere.

.thig gehabt hat. Eben daher ist der Namen Taffet=
papier entstanden (³).

Man erhält über England ein chinesisches rothes
Papier, welches auf einer Seite gefärbt und von auß=
serordentlicher Schönheit ist. H. Breitkopf vermu=
thet, daß man es in England auf Chinesisches Papier
nachmache. Die Farbe liegt nicht fest auf dem Pa=
piere; man kan sie mit dem Messer leicht wegnehmen,
ohne das Papier zu verletzen. Da man keinen Pinsel=
strich daran bemerken kan, und die Farbe Cochenille
muthmassen läßt, so ist man auf den Gedanken gekom=
men, ob man etwa weisses Papier auf gefärbten Schar=
lach lege, und mit in die Presse setze; solte man da=
von nicht aus England Nachricht einziehen können?

Noch eine dritte Art bunter und figurirter Papie=
re ist zuerst in Herrenhuth gemacht worden, daher man
es in Leipzig mit dem Namen Herrenhüther Papier
belegt hat. Man überstreicht das Papier zuerst über
und über mit einem Kleistergrunde, hernach so gleich
mit der dazu eingerichteten starken Kleisterfarbe. Als=
dann nimt der Fabrikant ein Holz, das nach seinem
gewählten Muster ausgezackt ist, und fährt damit nach
seinem gemachten Risse mit freyer Hand, über den an=
gestrichenen Papier=Bogen weg; dadurch wird die
Farbe von dem Bogen wieder weggenommen, und es
entsteht eine weisse Figur, die bald geschlängelt, gegit=
tert oder gezackt ist. Die Zwischenräume werden theils
mit hölzernen Stempeln bedruckt, welche die Farbe
weg=

(³) Wenn sehr feines Postpapier auf diese Weise gefärbt
ist, so kan es zu künstlichen Blumen dienen. Wie
man es z. B. vollkommen rosenroth machen könne, ha=
be ich in Novis commentar. societ. Göttingensis VI p. 88.
angegeben.

wegnehmen, oder auch eine andere Farbe aufdrucken, theils nimt man auch mit kleinen Schwämmen die Farbe weg, dadurch eine Art Wolken entstehn, die nicht übel aussehn. Oft braucht der Fabrikant zu seinen Figuren stat eines Holzes auch nur die Finger.

Noch eine andere Art von gewolktem Papiere entsteht, wenn zween mit Farben frisch angestrichene Bogen auf einander gelegt, und plötzlich von einander gerissen werden; fast wie wenn man ein Paar polirte Steine, auf welchen eine farbichte nasse Materie ist, von einander reißt, dadurch allerley Figuren entstehn. Andere legen auch die angestrichenen Bogen auf ein glattes Brett, schieben sie auf solchem etwas, und nehmen sie so gewolket auf.

Die so genanten Kattunpapiere werden mit Holzformen gedruckt, deren so viele in einander passen müssen, als man Farben haben will. Sie kommen jetzt fast allein aus Augsburg, wo sie mit alten Kattunformen von den Arbeitern als eine Nebensache gemacht werden; daher kan sie auch niemand so wohlfeil als diese liefern.

In Frankreich macht man Tapeten-Papiere, die theils mit Holzformen, auch wohl mit Kupferplatten gedruckt, und mit Patronen ausgemalt werden.

Die so genanten Gold- und Brokat-Papiere kommen von Augsburg; es werden gefärbte Papiere mit Metallblätchen belegt, und mit warmen meßingenen Formen bedruckt, da sich die Figur eindruckt, und das übrige Metall weggewischt wird. Sonst belegte man auch das ganz goldene glatte Papier mit dergleichen Metallblätchen; jetzt aber macht man es auf eine leichtere Art zu Augsburg; man bestreicht das Papier

durch

durch Hülfe des Pinsels mit dazu angerichteten gema=
lenen Metall, Zinn oder auro musivo, das sich glätten
läßt, und besser aussieht, als das mit Blätchen belegte.
Auch H. Breitkopf hat neue Versuche über Verferti=
gung der Gold= und Silber=Papiere gemacht, die
vortreflich zu glücken scheinen. Das Metall ist auf
marmorirten und auf gezogenen Mustern sehr artig an=
gebracht worden, und wechselt mit allerley angeneh=
men Farben ab.

Noch einer besondern Erwähnung verdienen die
vortreflichen Tapetenpapiere des H. Breitkopf. Sie
stellen alle Verschiedenheiten von Marmor, Porphyr
und andern Steinarten so genau vor, daß wenn die
Wände eines Zimmers damit belegt sind, selbst der größ=
te Kenner beym ersten Anblicke getäuscht werden kan.
Dazu ist nöthig, daß ein Architekt den Riß macht, um
das Zimmer oder den Saal in gehörige Felder und Säu=
len abzutheilen. Man giebt den Feldern auch wohl ei=
ne Einfassung à la Grec von allerley Art, die auf Pa=
pier gedruckt, oder durchgeschnitten und mit andern Far=
ben unterlegt wird. Zuletzt macht der Maler die nö=
thigen Schattenstriche, und wenn man will, überzieht
man das Zimmer mit hellem Firniß, und dann ist das
Werk vollkommen. Alles komt darauf an, daß das
Papier mit einem wohlgemachten Kleister auf die Wand
geklebt wird, von welcher vorher aller weisser Kalk ab=
gerieben seyn muß, so daß die blosse Tünche nur noch
übrig bleibt, und die Wand so viel möglich glatt ge=
schliffen wird. Wolte man das Papier auf Leinwand
ziehen, so würde solches zu kostbar werden, und die
Tapete würde viel von dem Glanze, den das Papier
auch ohne Firniß hat, verliehren.

Man

Man hat auch in neuern Zeiten angefangen reiche Stoffe oder Zeuge dadurch vorzustellen, daß die Formen, welche die Grundstriche des Zeugs oder die Blumen machen, stat Farbe, mit einem Leim aufgedruckt, und die Blumen hernach mit Glimmer, Frauenglas u. d. bestreuet werden. Manche Tapeten dieser Art lassen den Glimmer bald abfallen, aber ich kenne andere, welche in einer Wohnstube schon länger als vier Jahre unbeschädigt geblieben sind.

Hr. Breitkopf läßt auch Umschläge und Einbände von buntem Papiere verfertigen, welche allgemein beliebt geworden sind. Theils werden sie mit Holzformen mit bunten Farben bedruckt, theils nur mit Weiß erhöhet, theils mit andern Farben und Metall ausgemalt.

Zu den Schriften, worin von Verfertigung des türkischen Papiers gehandelt ist, gehören folgende.

Encyclopédie, Pariser Ausgabe. X S. 72 Artikel: marbreur de papier, wozu zwo Tafeln im vierten Bande der Kupfer gehören. Die deutlichste und ausführlichste Nachricht, welche mir bekant geworden ist. Auch die Zurichtung der verschiedenen Farben ist daselbst gelehrt worden.

Dictionnaire de commerce par *Savary*. Geneve 1750 fol. III pag. 13.

Husbandry and trade improved, being a collection – – by *Houghton* and *Bradley*. II p. 412.

Haus = und Landbibliothek durch Andream Glorez von Mähren. III S. 67.

Observations sur l'histoire naturelle, sur la physique et sur la peinture; par *Gautier* IV.

Journal oeconomique. 1758. Mars p. 112 = Gemeinnütziger Vorrath auserlesener Aufsätze. I S. 95 = Münchener Intelligenz = Blatt 1775 S. 104.

Neus

Neueröfnete Vorrathskammer rärer und nützlicher Kunststücke. Frankf. und Leipz. 1660. 8 S. 651.

Hallens Werkstäte der Künste II S. 150; scheint aus dem vorigen entlehnt zu seyn.

Hoffmanns ökonomische Chemie S. 126.

Crökers Mahler. Jena 1778. 8 S. 439.

Jacobson Schauplatz der Zeugmanufakturen. I S. 296.

Sprengels (Hartwigs) Haubwerke und Künste. XV S. 5 von den Papiertapeten, ausführlich und deutlich.

Register.

Register

über die drey ersten Theile.

Regiſter.